会说话

社交变得更轻松

李斯琮 编

中国华侨出版社

北京

图书在版编目（CIP）数据

会说话：社交变得更轻松 / 李斯琮编.—北京：中国华侨出版社，2022.1
（2023.1重印）

ISBN 978-7-5113-8512-3

Ⅰ.①会… Ⅱ.①李… Ⅲ.①语言艺术—通俗读物 Ⅳ.①H019-49

中国版本图书馆CIP数据核字（2021）第011625号

会说话：社交变得更轻松

编　　者：	李斯琮
责任编辑：	江　冰
封面设计：	阳春白雪
文字编辑：	单团结
美术编辑：	宇　枫
经　　销：	新华书店

开　　本：880毫米×1230毫米　　1/32　　印张：11　　字数：223千字

印　　刷：唐山楠萍印务有限公司

版　　次：2022年1月第1版

印　　次：2023年1月第2次印刷

书　　号：ISBN 978-7-5113-8512-3

定　　价：42.00元

中国华侨出版社　北京市朝阳区西坝河东里77号楼底商5号　　邮编：100028

发 行 部：（010）64443051　　　　　　传　真：（010）64439708

网　　址：www.oveaschin.com　　　　E-mail：oveaschin@sina.com

如发现印装质量问题，影响阅读，请与印刷厂联系调换。

前言

会说话，才能会做人。说话没分寸，没技巧，即使是赞扬的话，别人也会"充耳不悦"。说话有分寸，知道方法，即使是批评的话，别人也乐于接受。会说话，好做人。

会说话，才能会交际。如何同上司说话？如何同客户沟通？如何拒绝朋友？如何抚慰家人？人情网中，拿好语言之矛，才能攻破人心之盾。

会说话，才能会办事。同一个问题变换不同的说话方式将得到截然不同的效果。而且，说好难说的话，才能办好难办的事。

会说话，才能会处世。在人生的各个场合，在什么情况下、对什么人、在什么时机说话，都要讲究艺术性。这是语言之道，也是处世之道。

说话是一种技巧，更是一门艺术。一句恰到好处的话，可以改变一个人的命运；一句不得体的话，可以毁掉一个人的一生。家庭中，同妻子、丈夫、父母、孩子必须进行交流；社交时，同朋友、客户势必联络感情；职场上，每个人每一天和同事、领导难免有话要说。说什么？怎么说？什么话能说，什么话不能说？这些都需要我们掌握说话的艺术。

在注重人际沟通的现代社会，说话的艺术也就是成功的艺术。

《会说话：社交变得更轻松》分为上、中、下三篇："成功地说话是门艺术""如何练就交际语言表达力""不同场景下的说话艺术"。在充分展示会说话威力的基础上，以通俗易懂的语言论述了说话艺术的重要性和练就语言表达力的途径，并以生动具体的事例向读者展示了在尴尬、危急、应酬、谈判、求职面试、两性相处等不同场景下的说话技巧，能让读者面对不同的情况，轻松说好想说的话，提高说话技巧，扩大交际范围，带着自信和勇气，充满魅力、坦然无惧地走向成功。

目录

CONTENTS

中　篇　如何练就交际语言表达力

下　篇　不同场景下的说话艺术

上 篇
成功地说话是门艺术

第一章　会说话，赢天下

一言而兴邦

自从人类社会诞生，政治活动便没有中断过，古今中外的政治家历来把公开演讲看作掀起政治风云的一把利器。

我国很早就有这方面的文字记述。《周易》上说："乱之所生也，则言语以为阶。"认为言语可以成为制造混乱的媒介。孔子也明确指出"一言而兴邦""一言而丧邦"。刘向说得更具体："百行之本，一言也。一言而适，可以却敌；一言而得，可以保国。"（《说苑·谈丛》）把说话当成百行之本，这是非常有见地的。

古今中外，成功的政治家无不把高超的语言能力作为实现政治目标的首要手段。他们机敏睿智、伶牙俐齿、巧发奇中、一言九鼎。为维护国家、民族的利益，或游说，或劝谏，或答辩，或谈判，或演讲，或辩论，均以说话水平导航政治风云，左右形势变幻。

高超的说话水平可以叱奸佞于朝堂，醒群众于街衢；化干戈为玉帛，挽狂澜于既倒。历史长河中，这样的例子不胜枚举。

三国时期雄辩家层出不穷，而以诸葛亮最为有名。他的谋略与口才为蜀国的兴盛添力不少。从他对刘备的"隆中对"，一席话将天下三分，奠定了蜀国的基业，到后来巧言游说江东，劝说孙权与刘备联手共同抗击强大的曹操，无不佐证"一言而兴邦"的深刻寓意。

由于诸葛亮在当时襄阳名士中已有很高的名望，且常自比管仲、乐毅，因此他虽隐居隆中，但在人们心目中，其智慧和能力不可限量，一旦这条卧龙腾空而起，天下将要为之改变。正因其声名震耳，刘备也就很快从司马徽、徐庶等士人那里打听到了诸葛亮的才名，并不惜在军务繁忙中带关羽、张飞二将躬身三顾茅庐，欲请诸葛亮出山辅佐他共谋大业。前两次登门求教皆不得见，刘备并未因此而放弃求贤之诚意，第三次登门。刘备对还未谋面的诸葛亮如此谦恭，致使身居山野的诸葛亮十分感动。为此，刘备第三次前往隆中拜谒诸葛亮时，诸葛亮真诚地以礼相待，向刘备说出了自己的思考，这就是诸葛亮著名的"隆中对"。诸葛亮虽隐匿山野，然而他未出茅庐却尽知天下。他对刘备进言说："自董卓以来，豪杰并起，地盘跨州连郡的不可胜数。曹操和袁绍相比，名声低，人马少，结果他反而打败了袁绍，以弱胜强，其原因并非苍天使然，而在于人的智谋。今曹操拥有百万人马，挟天子以令诸侯，这是很难与他争锋的。孙权占据了江东，已经历了三代，地势险固，民心归附，且有一批贤人才士为他效劳，因此只能与他联合而不能去图谋攻取。而荆州之地，北依汉水、沔水，南达南海，东连吴会，西通巴蜀，堪称用武之地，但它的主人难以守住，这大概是上天特意留给将军的，将军是否有意接纳呢？另外，荆州西面的益州，地势险要，沃野千里，是一个天府之国，昔日汉高祖刘邦正凭借此地而成就了帝业。然而，益州牧刘璋懦弱无能，在他北面占据汉中的还有一个张鲁，民殷国富，但不知爱惜，因此有才智的人都渴望有一个贤明的主子，将军既然是皇帝之后裔，且信义又闻于四海，能广交天下英雄豪杰，思贤若渴，如果能占有荆、益二州，固守险要，西边与诸戎和好，南面安抚夷越等各民族，对外与孙权结为友好邻邦，对内则修明政治，等待时机。时机一到，就可命一上将统率荆州军队北上夺取宛城、洛阳，而将军则可亲率益州军兵北出秦川。到那个时候，天下百姓谁敢不箪食壶浆来迎接将军呢？如果能这样，那么霸业可成，汉室可兴了。"诸葛亮一席话就如黑暗中一道闪电，精辟分析了混乱复杂的天下政局，使刘备茅塞顿开，眼前呈现出一幅三分天下的蓝图。于是，刘备喜出望外，拜诸葛亮为军师，上马同回军中。

《隆中对》是诸葛亮初出茅庐时对时局所作的精辟分析的杰作，体现了他洞若观火、善于驾驭天下大事的能力和才干。诸葛亮以一言兴邦，刘备思贤若渴，采纳了他的计谋，并从此依靠诸葛亮辅佐，踏上了建立蜀国、三分天下的征途。

然而，面对曹操出兵伐吴，诸葛亮权衡形势，曹操势大，与之能抵抗的东吴投降之风盛起，吴一旦降曹，对于势力不足的刘备来说会更加不好过，不久就会灭亡的，于是决定说吴抗曹。为了实现这一计划，他孤身一人去江东，意欲制服投降派，帮东吴抗击曹兵。

当时，东吴的主降派是张昭等一班谋士，主战派是都督周瑜等，国主孙权却持观望态度，搞得周瑜也立场不稳起来。诸葛亮明白，若要说服孙权抗曹，首先要坚定周瑜的抗曹决心。于是他通过老朋友、东吴重臣鲁肃的关系，去拜见周瑜。

周瑜是何等聪明人！他一听说诸葛亮来访，就明白刘备集团鼓动东吴抗曹、实为日后自保的意图。所以，他要在诸葛亮面前摆出降曹的架势，逼迫诸葛亮说服自己，甚至哀求自己，一来日后好挟制刘备集团，二来也打击一下诸葛亮这位天下闻名的智谋之士的威风，让他老老实实受自己摆布。所以，诸葛亮进来坐下不久，周瑜就吹起了"投降风"。

鲁肃是老实人，一听周瑜一反常态要降曹，怕是他变了主意，忙好言相劝，二人争论起来。诸葛亮却看透了周瑜的把戏，在那里只笑不搭话。

周瑜被逼得无法了，他只好问诸葛亮为何"哂笑"，诸葛亮说："我笑子敬（鲁肃的字）不识时务。"这是双关语，表面上是说鲁肃不识形势严峻，实际上是笑鲁肃看不透周瑜的鬼把戏。于是列数曹操东征西战，歼灭各路诸侯的战绩，最后说："周将军决计降曹，这是明智之举，可以保全妻子，仍享荣华。至于东吴社稷存亡，那是天命了！"一席话把鲁肃说得大怒，痛斥周瑜不为国家着想。

这时，周瑜才知道诸葛亮不是等闲之辈，早已被诸葛亮讽刺得怒火中烧。但周瑜不露声色，决心与诸葛亮周旋下去，要一下这家伙，直到他撑不住劲了向自己哀求联合抗曹为止。

于是，周瑜说："对，你看诸葛先生也主张降曹嘛。我将劝说主公，向曹操献上降表，割地求和。"诸葛亮笑了笑说："何用割地，只要献上两人，曹操马上就收兵。"周瑜想："这家伙还想和我斗下去，看来是说献上国君孙权求降了。"哪知诸葛亮却说："只要将江东乔公之二女献给曹操，此事就成了！"周瑜一听，火直往头上撞，因那天下闻名的江东二乔，已分别嫁给了孙策和周瑜。周瑜强压火气，问："为什么呢？"诸葛亮接着说："曹操建铜雀台，收罗天下之美女，指名要得江东二乔以娱晚年。此次大兵压境，不一定没这个意思。将军只要花上点钱从乔公手中把这二乔买来献上，"诸葛亮装作不知大乔已嫁给孙策，二乔已嫁给周瑜，"那么，曹操马上就会退兵的。"周瑜再也忍不住了，破口大骂："曹贼欺我太甚！"诸葛亮依旧装糊涂，笑着说："哎，将军之言差矣！昔日天子让公主出塞和亲，以此免匈奴掠边，您怎么连两个民女也舍不得呀！"周瑜已被气糊涂了，解释说："那大乔和二乔已分别嫁给先主和我了。"诸葛亮佯装大惊，起身施礼说："将军恕罪，亮实不知情，才这等胡说的。"周瑜仍大怒："曹贼欺我太甚，我誓与其拼杀到底！"

曹军如黑云滚滚而来，势不可当。大敌压境，孔明出使江东，游说东吴联合抗曹，哪知周瑜耍心机，声言要降曹，戏弄孔明，以日后好挟制摆布，孔明慧眼将其识破，顺水推舟，对其巧施激将法，使得周瑜自己说出坚定抗曹的决心。赤壁一战，又进一步增强了蜀国的军队实力。

再来看看国外的历史。美国南北战争中，南方奴隶主驱使奴隶为自己卖命。为了粉碎南方奴隶主分裂国家的企图，林肯总统及时在内阁会议上发表了《解放黑奴宣言》，他向奴隶们庄严宣告："从 1863 年 1 月 1 日这一天起永远获得自由！"两天后，他又站在白宫讲台上向群众演讲，重申这一宣言。他深信，这可以"换取这个国家未来的幸福和繁荣昌盛"。果然，宣言发布之后，奴隶纷纷倒戈、逃亡，南北形势发生巨变，很快林肯领导的北方军获得了彻底的胜利。

这些例子无不显示出说话水平在政治风云中的极大威力，它能扭转乾坤，救国家于水火，能使国君头脑明晰、励精图治，使百姓奋发图强，使国家强大兴盛。

不战而屈人之兵

战争是人类的灾难，是政治力量最激烈的碰撞。战场上，敌对双方都以挫败对方为目的。双方力量的强弱当然是不可忽视的条件，但在很多情况下，并非强大的一方就能取胜。在军事战争中，善于用兵的将帅，是可以兵不血刃就能取胜的，孙子把这种行为称为谋攻，即所谓"上兵伐谋"。

孙子说："故善用兵者，屈人之兵而非战也，拔人之城而非攻也，毁人之国而非久也，必以全争于天下，故兵不顿而利可全，此谋攻之法也。"他认为，不战而使敌人屈服，这是最高超的谋略。而高超的说话水平正可以不战而屈人之兵。正如刘勰所说："一人之辩，重于九鼎之宝；三寸之舌，强于百万之师。"

春秋时候，有一次秦国与晋国联合起来攻打郑国，联军包围了郑国国都，郑国处在危亡之中。

在这严峻的形势下，郑国国君只好派老臣烛之武到秦国去，想通过谈判劝说秦军退兵以便孤立晋国，挽救郑国的危亡。

国都被包围，烛之武无法出去，只好等到黑夜，再想办法。

到了深夜，万籁俱寂，四周漆黑一片，郑文公亲自把烛之武送到城上，让他坐在一个筐里，筐上系绳，悄悄地将筐坠到城下。

烛之武趁着黑夜，终于秘密地来到了秦军中，拜见了秦穆公。

烛之武对穆公说："大王，我虽是郑国人，今天却是冒着危险为秦国的利益而来的。"

穆公听了，冷笑一声说："哟，你还为我们着想呀？"

烛之武显得极为诚恳地说："你们两国围攻我们，我们知道郑国就要灭亡了。不过，请您想一想，灭亡了我们，对您秦国会有什么好处呢？郑国在晋国的东边，贵国又在晋国的西边，相距千里，中间隔着晋国。我们灭亡之后，贵国能隔着晋国来管理我们的国土吗？所以这国土恐怕只会落入晋国人的手中。贵国与晋国相邻，实力也相当。晋国再吞并了郑国，国力就超过贵国了啊！替别人出力去兼并土地，而削弱了自己的力量，聪明人能这么干吗？大王可要三思啊！"

烛之武说到这里，停了一下。见秦穆公眉头一动，就猜到了他的心思，便接着说："晋国现今很想称霸啊！他灭亡了我国会满足吗？一旦时机成熟，再向西扩展，难道就不会侵扰贵国吗？"

这时，秦穆公点了点头说："先生说的，还有些道理。"

见穆公已初步接受，烛之武便继续说道："如果能让郑国继续存在，那对您并无坏处啊！让我们作为贵国东边路上的主人，招待过往的使者和军队，供应他们的一切，不也很好吗！"

秦穆公听了，又点了点头，但没有作声。

烛之武见时机已经成熟，便进一步说道："况且，您对晋惠公也有过恩惠呀，他也答应要用瑕、焦两座城池来报答您，但结果又如何呢？他早晨刚刚回国，晚上就修筑工事来防备贵国，哪讲信誉呢？所以，绝不要做那帮助晋国而削弱自己的事情哟！大王英明，想必是能考虑到的。"

烛之武的一番话，使秦穆公认真思考了一番，他派人私下里与郑国签订了盟约，单方面撤军。这一下，联军瓦解了。晋国一看灭亡郑国没有希望，便也将军队撤退了。没有发一枪一弹，对郑国国都的包围就被解除了。

不费一兵一卒，一个烛之武就能把秦军说退了，这是什么样的威力？当然是说话的威力，这再次证实了"一言之辩，重于九鼎之宝；三寸之舌，强于百万之师"的精辟论断。

春秋时期，战争不断，因此经常会有大军逼近、大敌当前时的紧张谈判。那种仅凭三寸不烂之舌，不战而屈人之兵的精彩谈判篇章层出不穷，在历史潮流中大放异彩。

战国时期，楚怀王派大将昭阳领兵攻打魏国，连连获胜。斩杀了魏军的将领，夺取了八座城池，一下子威震各国。

昭阳非常得意，打算乘势而上进攻齐国。齐国自知力量不够，为了避免这次战争，就派陈轸作为特使，去会见昭阳，与他谈判。

这谈判自然是艰难的，因为昭阳正在得胜之时，信心十足，雄心勃勃，哪会停止立功的机会呢？而陈轸却精心准备了一番，决心使谈判成功。

昭阳接见了陈轸。陈轸一见面就向昭阳祝贺，祝贺他伐魏成功，战绩卓著。他极力地赞颂昭阳运筹帷幄，指挥英明，又极力夸张各国对他的反应，说得昭阳心花怒放。

祝贺、赞颂一番以后，陈轸话题一转，很关心地问道："按楚国的规定，战绩显著的能得到什么官职呢？"

昭阳随口答道："战功显赫的，官位是上柱国，爵位是上执硅。"

陈轸接着又问道："还有比这更高的官爵吗？"

昭阳说："那就只有令尹了。"

陈轸若有所思地说："那令尹就是最高贵了，可是国君不会设置两个令尹的官职呀！"

说到这里，陈轸停了一会儿，接着对昭阳说："不知道将军听过画蛇添足的故事没有？故事说的是有个楚国人，赏赐门客们一小壶酒。可酒不多，几个人喝就不够，一人喝还能尽兴。于是大家商议，想出了个办法：大家都在地上画蛇，谁先画成了，这壶酒就归他所有。几个人便都画起来。有个人很快就画好了，他见别人还在低头作画，心想我再给蛇添几只脚吧！结果是他的蛇脚还没画完，有人就画好了。那壶酒自然归了别人，而他没有份。其实蛇哪有脚呢，他给蛇添脚完全是多余的呀！"

昭阳听得津津有味，正在这时，陈轸又话锋一转说："将军伐魏，大获全胜，谁人不知呢！有这样的功劳，做个大官就很不错了。为什么还要去攻打齐国呢？现在齐国已经很害怕您了。您有了这威名也足够了！如果总以为自己会战无不胜，而不知适可而止，那也不好啊！万一战败，死在沙场，不就前功尽弃，一切都完了吗？这不就跟那个画蛇添足的人类似吗？"

昭阳听了后，没有说话。他觉得陈轸说得有道理。一番考虑后，他放弃了攻打齐国的打算，带领大军回国了。

陈轸的巧妙就在于欲抑先扬，先对昭阳大加赞颂，取得好感，使对方飘飘然，形成良好的谈判气氛，再点明自己的主张，言明利害关系，对方就很容易接受了。

以说话水平高超而制敌的例子，国外也有很多。

公元前 218 年，位于现在北非突尼斯的迦太基奴隶主阶级的军事统帅汉尼拔，为防止罗马帝国的步步紧逼，先发制人，出兵罗马。势力强大的罗马根本不把汉尼拔放在眼里，集结数万大军准备一举歼灭之。但汉尼拔却出其不意地远征，率领 6000 精兵绕过罗马军阵地，翻越阿尔卑斯山，突然出现在山南的波河平原上。汉尼拔指着眼前坚固的罗马城堡，慷慨激昂、义无反顾地对他的士兵发表了即兴演讲——《我们在这场战争中是主动者》。在这番演讲鼓舞下，迦太基士兵一鼓作气，一战破城。罗马执政官弗拉米尼闻讯率大军赶来援救，又遭士气大盛的迦太基军伏击，几乎全军覆没，弗拉米尼也阵亡。罗马全国震动，从此，15 年之内不敢与迦太基军作战。

第二次世界大战初期，德军依靠"闪电战"，在占据了苏联大片领土后，为彻底打败苏联，于 1941 年 10 月下旬集中 11 个师的优势兵力，从西、北、南三面包围苏联首都莫斯科，扬言 10 日内攻克。临危不惧的莫斯科军民奋勇抵抗，在 11 月 7 日这天照例在红场隆重举行"十月革命"庆祝活动。苏军最高统帅斯大林以大无畏的英雄气魄，在红场的列宁墓上，检阅红军队伍，并发表了气壮山河、振奋人心的演说，极大地鼓舞了军民的斗志，坚定了誓死保卫首都的决心。结果，历时月余，希特勒先后撤换了 30 多名高级指挥官，甚至自任总司令，不仅未能突破莫斯科防线，而且在损失 50 多万人后，反而后退 300 千米，德军"不可战胜"的神话从此打破。

巧言善辩，化险为夷

人说"救人一命，胜造七级浮屠"，有很多会说话的人就凭着三寸不烂之舌在危急时刻巧言善辩，使自己也使他人化险为夷，这是何等惊天动地！可见口才的价值不可估量。

纪晓岚中进士后，当了侍读学士，陪伴乾隆皇帝读书。

一天，纪晓岚起得很早，进宫等了很久，还不见皇上来，他就对同来侍读的人开玩笑说：

"老头儿怎么还不来？"

话音刚落，只见乾隆已到了跟前。因为他今天没有带随从人员，又是穿着便装，所以没有引起大家的注意。皇上听见了纪晓岚的话，很不高兴，就大声质问：

"'老头儿'三个字做何解释？"

旁边的人见此情景都吓了一身冷汗。纪晓岚却从容不迫地跪在地上说：

"万寿无疆叫作'老'，顶天立地叫作'头'，父天母地叫作'儿'，皇上当之无愧万寿无疆、顶天立地、父天母地，所以叫'老头儿'。"

乾隆听了这一番恭维的解释，就转怒为喜，不再追究了。

纪晓岚开了不适宜的玩笑，使自己陷入困境，可他随机应变地运用曲意直解，巧妙地将对乾隆有不尊性质的"老头儿"三字解释成"万寿无疆""顶天立地""父天母地"。这样不但化险为夷，免去一死，而且化辱为恭。

在国外也有善辩者仅凭自己一张巧嘴，消弭滔天大祸，把自己从绞刑架上硬拽下来。

1671 年，英王的王冠被窃，举世为之震惊。以布莱特为首的 5 人犯罪集团很快被官方捕获，并全部判处死刑。

正当人们翘首期待目睹罪犯的下场时，事态的发展却急转直下。

原来，英王查理二世对这些目无法纪的窃贼颇感兴趣，决定亲自审问他们。布莱特这伙罪犯以超凡的气度、博欢的美言和伶俐得体的答辩，深得英王好感，一喜之下，众罪犯不仅免于一死，而且得到了一笔数目可观的赏金。

布莱特的辩词可谓精彩至极，极尽吹捧博欢之能事，显示出十足的无赖本色，却又充满了胆略和才气。这里摘录审讯对话的精彩片段：

查理二世："你还两次企图刺杀奥蒙德公爵，是吗？"

布莱特："陛下，我只是想看看他是否配得上您赐给他的那个高位。要是他轻而易举地被我打发掉，陛下就能挑选更适合的人来接替。"

英王沉吟片刻，仔细打量这位囚徒，觉得他不仅胆子大，而且伶牙俐齿。于是他又问："你胆子越来越大，这回竟来偷我的皇冠！"

布莱特："我知道这个举动太狂妄，可是我只能以此来提醒陛下关心一下一个生活无着的老兵。"

英王："你又不是我部下，要我关心你什么？"

布莱特："我的陛下，我从来不曾对抗过您。过去英国人之间互相兵戎相见，很是不幸，但现在天下太平，所有人都是您的臣民，我当然是您的部下。"

英王觉得他简直是个无赖，但仍问道："你自己说，该怎么处罚你。"

布莱特："从法律角度讲，我们应该被判处死刑。但是，我们五人死后，每人至少有两个亲属会为此流泪并诅咒您。从陛下您的角度看，多十个人赞美您总比多十个人流泪诅咒您好得多。"

查理二世万万没料到他会如此回答，不由自主地点点头，又问："你觉得自己是勇士还是懦夫？"

布莱特："陛下，自从您的通缉令下过以后，我没有藏身之地，不得已在家乡搞了一次假出殡，希望官方误以为我已死而不再追捕，这诚然不是勇士的行为。所以，在别人眼里我也许是个勇士，可是，在您——陛下——真正的勇士面前我只是个懦夫而已。"

查理二世对此番对话非常欣赏，居然破天荒下令免除布莱特死刑。

能够保全自身性命固然好，那种能通过自己的能言善辩来解救他人于危难中的豪杰之士，他的口才艺术更是令人称道、敬畏。唐朝狄仁杰就是这样一个人才。

狄仁杰在仪凤年间任大理寺丞时，断案无数，公正无私。有一次，武卫大将军权善才因为误砍了昭陵的柏树而犯了罪，被拘押在大理寺监狱。狄仁杰依法断案，判定此罪应予以罢免官职的处罚。狄仁杰上奏高宗皇帝，高宗却命令立即斩首示众。狄仁杰坚持要公正处理，不因皇帝的权势而畏惧，勇敢地犯颜直谏，奏请："权善才之罪，依国法不应处死。"
高宗十分恼怒地说道："权善才砍昭陵的柏树，是使我陷于
不孝的境地，一定要杀掉他。"在朝廷上，左右两班文武大
臣都注视着狄仁杰，等待着他按皇帝的意旨，下达处死权善
才的命令。谁知狄仁杰并不屈服，据理力争，对高宗说道：
"我听说违背皇上的意旨就是逆龙鳞，自古以来人们都认为
是不祥的事，我认为不是那样。若在夏桀、商纣时期，这样
做是有杀身之祸的；若处在唐尧、虞舜的时代，这样做就是
忠臣，我今天很幸运地遇到像唐尧、虞舜一样英明的皇上，
就用不着担心像比干那样，进逆耳忠言而被处死。过去汉文
帝时，有人盗取汉高祖庙中的玉环，张释之在朝廷上进言劝
谏，使得盗环人仅仅受到斩首示众的处罚，而没有株连全家。
明主是可以用道理说服的，忠臣是不能用威势压服的。今天
陛下若不采纳我的谏言，我死后实在无颜见张释之于地下。
陛下制定的法令，已公布于众，是流放，还是处死，各有不
同的规定，岂有未犯死罪而被处死的道理？若不依法办案，
就会失信于民，则民再无行事的准则。陛下若想改变法令制
度，就应从今天开始。当年张释之曾经问汉文帝：'若偷盗
高祖庙中的玉环就杀掉全家人，要是盗掘了高祖的陵，陛下
又该如何处置呢？'今天，陛下若因为昭陵的一棵柏树就杀

掉一名将军，千载之后，人们会说陛下是位什么样的君主呢？这是我不敢奉旨杀掉权善才，陷陛下于不义，给陛下造成桀纣之君的坏名声的原因。"唐高宗觉得狄仁杰说得有道理，接受了狄仁杰的进谏，依法处罚，遂免了权善才的死罪。

对于"权善才误砍昭陵柏树"这件在众人眼里大逆不道的事，狄仁杰有自己的观点，更可贵的是，他具有足够的口才来说服高宗，阐述高宗对此事决策的后果，以古喻今，强调依法治国的宗旨，最终使高宗免除了权善才的死罪。

善言者方能平步青云

人与人之间沟通，尤其是与上司沟通，懂得如何说话、说些什么、怎么把话说到对方心坎里，这些都很重要。嘴上功夫看似雕虫小技，却有可能因此改变人的一生。会说话的人，也许他不用赤膊上阵，不用立功请赏，就能使仕途平顺，平步青云。

西汉初年，汉高祖刘邦打败项羽，平定天下之后，开始论功行赏。这可是攸关后代子孙的万年基业，群臣们自然当仁不让，彼此争功，吵了一年多还吵不完。

汉高祖刘邦认为萧何功劳最大，就封萧何为侯，封地也最多。但群臣心中却不服，私底下议论纷纷。

封爵受禄的事情好不容易尘埃落定，众臣对席位的高低先后又起争议，许多人都说："平阳侯曹参身受70次伤，而且率兵攻城略地，屡战屡胜，功劳最多，应当排他第一。"

刘邦在封赏时已经偏袒萧何，委屈了一些功臣，所以在席位上再难坚持己见，但在他心中，还是想将萧何排在首位。

这时候，关内侯鄂君已揣摩出刘邦的心意，于是就顺水推舟，自告奋勇地上前说道："大家的评议都错了！曹参虽然有战功，但都只是一时之功。皇上与楚霸王对抗五年，时常丢掉部队，四处逃避，萧何却常常从关中派员填补战线上的漏洞。楚、汉在荥阳对抗好几年，军中缺粮，也都是萧何辗转运送粮食到关中，才使粮饷不至于匮乏。再说，皇上有好几次避走山东，都是靠萧何保全关中，才能顺利接济皇上的，这些才是万世之功。如今即使少了一百个曹参，对汉朝有什么影响？我们汉朝也不必靠他来保全啊！你们又凭什么认为一时之功高过万世之功呢？所以，我主张萧何第一，曹参居次。"

这番话正中刘邦的下怀，他自然高兴无比，连连称好，于是下令萧何排在首位，可以带剑上殿，上朝时也不必急行。

而鄂君因此也被加封为"安平侯"，得到的封地多了将近一倍。他凭着自己察言观色的本领，能言善道，舌灿莲花，享尽了一生荣华富贵。

纪晓岚年纪轻轻就官至礼部尚书、协办大学士，这不仅是由于他出类拔萃的才学，更重要的是他心明眼亮，懂得凭借自己的才华，把对乾隆的称赞融于美言妙辞当中，正中其下怀，他不想平步青云都难。

准噶尔是居住在我国新疆地区的漠西蒙古部落，清初一直归服清廷。但自康熙中期以后多次欲行分裂，康熙、雍正时期曾一度平复，却始终没有从根本上解决问题。乾隆十九年，准噶尔内部发生分化，次年二月清军两路出兵，平定伊犁。

消息传来，乾隆皇帝特别高兴，特命颁示天下，并设盛宴庆贺。席间，乾隆皇帝命纪晓岚即席作赋。不多时，纪晓岚书成三千言《平定准噶尔赋》一篇，跪呈乾隆皇帝。乾隆皇帝喜不自禁，破例令纪晓岚当着诸卿之面吟诵。

三千言赋文，吟诵起来也是要用不少时间的，可是纪晓岚是即席所作，而且用典准确，文字优美，气势磅礴，一气呵成，实在是闻所未闻，令人惊奇！

更重要的是，纪晓岚凭借自己的横溢才华，于美文妙辞中，巧妙地歌颂了清朝平定准噶尔部的武功之盛，特别是乾隆皇帝在其中的英明韬略，使好大喜功的乾隆皇帝听着非常舒服，所以乾隆不由自主地高喊一声"妙！"群臣才交耳赞叹，活跃起来。

或许就因为此事太引人注目，给乾隆皇帝留下的印象太深刻，次年秋天，也即乾隆二十一年秋，纪晓岚"初登词苑班，即备属车选"。这在清代翰林院的历史上是少有的。

很多时候，自己的前途受到威胁，如果没有良好的口才为自己辩解，那只有等着告老还乡。秦末时期陈平三易其主引得别人怀疑，遭众人背后非议，引得汉王也对他表示怀疑，倘若他是个闷葫芦，只会埋头苦干，而不善言辞，肯定做不到护军中尉。

陈平在投奔到汉王刘邦那里的当日，经过与刘邦的一番交谈，得到了刘邦的重用。刘邦任命陈平为都尉，并让陈平做自己的骖乘，主管监督联络各地将领。陈平很是高兴，后来又随刘邦东向进攻项羽，但出师未捷，大败而退。许多人对陈平的才能表示了怀疑，尤其是对刘邦一味地重用陈平感到不可理解，就连周勃、灌婴这样的老将都在说陈平的坏话。他们说："陈平即使是美男子，也不过像装饰帽子的美玉罢了，他的肚子里未必有奇谋异策。我们听说陈平在家时，与他的嫂子私通；事奉魏王不能容身，逃出来归顺楚王；归顺楚王又不如意，跑来投奔汉王。如今大王器重他，授予他很高的官职，要他监督各部将领。我们听说陈平接受他们的贿赂，金钱给得到的待遇就好，而金钱给得少的待遇就差。陈平是个反复无常的乱臣，希望大王好好审查他。"汉王听完这话后，也有些怀疑起来，于是招来魏无知加以责问，魏无知说："我所说的是才能，而大王所问的是品行，这完全不是一回事。假如有尾生、孝己那样的品行，然而对于决定胜败的关键无益的人，大王又哪有地方去使用他呢？楚汉相持不下，我推荐奇谋之士，只考虑他的计谋果真能否有利于国家。至于私通嫂子、接受金钱，又何必如此加以怀疑呢？"汉王于是又招来陈平责问道："先生事奉魏王不如意，便离开他而去事奉楚王，如今又跟随我，谁知日后你又会投降到何处，讲信用的人原来都是这样三心二意的吗？"陈平回答道："我事奉魏王，魏王不能采纳我的主张，因此我离开他去事奉项王。哪知项王又不能信任人，他所信任和宠爱的不是姓项的本家就是他老婆的兄弟，即使有奇谋之士也得不到重用，我这才离开楚军的。听说汉王能够用人，因此来投奔大王。我空手而来，没有金钱就没有可资一用的费用，因此我接受他们的金钱。如果我的计谋有值得采纳的地方，希望大王采用；假如没有值得用的地方，金钱都还在，我可以封存起来送到官府，请求辞职。"听罢这席话，汉王知道自己错怪了人，赶忙向陈平道歉，并且给他更为丰厚的赏赐，任命他为护军中尉，所有将领都归他一人监督。将领们再也不敢说什么了。

可见，仕途坦荡很多时候是靠一张嘴铺出来的，埋头苦干固然不错，但该表明自己的时候也不能含糊，不能畏权贵，而是要用智慧战胜权贵。

婉言说利害、明大义

纸不捅不破，话不说不明。尤其是当关乎国家兴亡，不得不陈述利害时，说话就显得更为重要了。历史上有许多忠臣执法严明，铁骨铮铮，看见国君的过失之处，挺身而出，忍辱负重，不计较个人得失，直言进谏。然而遇见冥顽不灵的君主，不懂得说话的技巧，空有一身忠肝义胆，只会招致祸害，而于事无补。但有一些人却谙熟官场之道，懂得婉言巧谏，这样既能达到陈奏时务的目的，又能保全自身。

战国时期，赵国的赵胜是当权的君主赵惠王的弟弟，被封为平原君。他不仅拥有大量的土地和财富，还有三千多门客，是当时赵国既有权势又有名声的人物，也是战国时期一位著名的公子。

别看他很富有，但他的家里却不肯按规定缴纳应缴的赋税，因而常与收税的官员发生冲突。

当时一位收税的官员叫赵奢，极负责任，一直对平原君家的税收坚决催缴。平原君家里的管事仗着权势一直拒交。为此，冲突不断。赵奢秉公执法，先后严惩了平原君家的几个管事。这种做法很快就激怒了平原君，他觉得自己太失面子，决定兴师问罪，严惩赵奢。

赵奢想到，为了消除冲突，自己应当主动出击，去说服平原君，让他顾全大局，深明大义。

于是赵奢便主动登门，对平原君说："您在赵国是一位尊贵的公子，有权有势，又有好的名声，您应当珍惜。您家里不交税是不对的，如果我偏袒您家，不严格执法，那么必然削弱国法。国法削弱，国家的实力也会削弱，这样就会遭到别国的侵略，甚至有灭亡的危险。您想过没有？万一国家灭亡了，哪还会有您的地位呢？哪还有您的家呢？哪还有您的财富呢？"

说到这里，赵奢停了一会儿，看了看平原君，见平原君没有反驳他，便又接着放慢语速说道："凭着您过去的功劳和尊贵的地位，带头按时交纳赋税，那该多好啊！那样上下就平等了，百姓更佩服了。这样国家就会更强大，赵国就会更有实力。您作为国家的贵戚，难道好处还会很少吗？有了强大的赵国，才会有您的地位，才会有您富有的家呀！"

赵奢一口气，把一连串的话说完，使平原君很受感动。他连连点头，没再多说了。

赵奢不畏权贵，坚持说理，取得了成功。他不是责难对方，而是采用层层推理的办法。先从不依法办事会削弱国家，结果就没有你平原君的地位；再反过来说明依法办事，国家强盛，又少不了你平原君的利益。从反面到正面晓之以利害，使得平原君通晓了道理，从此主动纳税。

对于国君或是上级婉言相劝能使之茅塞顿开，深明大义，对于朋友也是同样的道理，会说话既能明辨是非，摆明立场，又不会伤及友谊。可见语言闪耀着人类智慧的光芒。

王安石执政力推变法改革，遭到了许多人的反对，甚至连他的好友司马光也站出来指责他，但他并不因此放弃改革，而是继续坚持将改革进行下去。

在一片反对指责声中，王安石认为"众人纷纷何足竞"，只有在万不得已的情况下，才给予必要的回击。

公元 1070 年春，司马光一连给王安石写了三封信，以关心规劝为名，指责攻击王安石，反复劝王安石停止变法、改革。无奈，王安石简明扼要地回了司马光一封信，对司马光给新法罗列的罪状逐一加以反驳。这就是著名的《答司马谏议书》。

在这封信里王安石措辞委婉，既驳斥了司马光对新法的指责、攻击，明确表示了"不管你怎么说，我也要坚持变法革新的态度"，又不伤朋友的情义。

18 世纪 70 年代，北美 13 个殖民地的人民起来反对英国的殖民统治，进行了独立战争。为了制定独立战争的政治纲领，13 个殖民地的代表齐聚一堂，进行了商讨，并推举富兰克林、亚当斯和杰弗逊来共同起草。

三人都很有才华，尤其是杰弗逊更是才华横溢，于是就由他来执笔。杰弗逊在大家商讨的基础上，很快就把这篇宣告脱离英国统治的重要文件起草好了。根据程序，文件还需要由一个委员会讨论审定。这样，他们三人把草稿交出后，就在会场外等候结果。

杰弗逊这个人一是有才华，二是很自信，他血气方刚，年轻气盛，很不喜欢别人对他写的东西品头论足。他总是认为，既然要自己写，那么自己就可以负责，自己也总是写得最好的。他们等啊等啊，讨论还没有结果。杰弗逊已经沉不住气了，他开始有了怨言，心想既然要我写，就应当信任我，为什么没完没了地审定？他越来越急躁的情绪，使在一起等候的富兰克林也越来越不安，他怕杰弗逊把事情搞砸，于是就旁敲侧击，给杰弗逊和亚当斯讲了下面的故事。

从前某地新开张了一个帽子店，店主人是一位很能干的年轻人。他自己为店里设计了一块很醒目的牌匾，上面写着一行彩色的字："约翰·汤普森帽店，制作并现金出售各式礼帽。"牌匾的下面还画了一顶帽子。他在挂出牌子前，还请了一些朋友来观看，向他们征求意见。

朋友们看了后，都称赞设计得不错，但也指出了文字上太啰唆，大可精简一些。一位朋友说："既然是'帽店'，当然要'出售各式礼帽'，所以前后有些重复，不如去掉'帽店'两字。"这样就变成了"约翰·汤普森，制作并现金出售各式礼帽"。

又有一位朋友认为"制作"二字没有必要，因为顾客不关心你制作不制作，只要式样美、质量好就行。

还有朋友指出"现金"二字也有些多余。因为顾客来购买帽子都会当场付款，所以"现金"二字可以删掉。

年轻的店主人听取了各位的意见后，进行了删改，最后这个牌子上剩下的就是"约翰·汤普森，出售各式礼帽"一行文字，和那个帽子的图案。

朋友们还反复端详着、思索着，有一位又主张再删掉"出售"两个字，另一位建议把"各式礼帽"也去掉。因为既然是帽店，绝不会将帽子白送人，自然是出售。"帽子"已有图案，表明了商店的性质了，无须再用文字来表明"各式礼帽"。店主人十分谦虚，于是又改了一番，最后是文字精简到最简要的程度了。

帽子店热热闹闹地开张了，那块文字简洁、图案鲜明的牌子，非常吸引路人，人们从商店经过之时，都不由自主地注目于这块牌子。只见上面醒目地写着"约翰·汤普森"5个字，下面画着一顶漂亮的帽子。人们看了之后，都没有不赞扬的，说这块招牌简明扼要，十分醒目。

富兰克林讲完故事以后，有意看了看杰弗逊。杰弗逊这时不好意思地笑了。他从故事里听到了弦外之音。这时他平静了下来，笑着对富兰克林和亚当斯说："咱们再耐心地等等吧！"

　　不久，讨论通过了这一文件，而且经过众人精心修改，成了很重要的著名文件。1776 年 7 月 4 日，经过第二届大陆会议通过，13 个北美殖民地脱离英国而成为"自由独立的合众国"。这一文件就成了千万人传颂的历史文献，这就是美国著名的《独立宣言》。7 月 4 日就成了美国的全国性节日——独立日，也就是美国的国庆节。

　　看到年轻气盛的杰弗逊焦躁不安时，富兰克林不是直接去劝告，更不是滔滔不绝去讲道理，而是不动声色地讲了个故事，让对方在故事中受到启发。

第二章　会说话，处处受欢迎

社交场合，善言者胜

　　语言作为信息传播的工具，对于我们社交之重要，正如骏马对于骑士的重要。

　　有了正确的目标，端正的态度，要想取得社交的成功，还要讲究一些方法，良好的方法是达到目标的保证。当然，社交的方法是多种多样的，其中很重要的一点，是取决于一个人的口才。

所谓口才，就是口语表达的才能，即善于用口语准确、贴切、生动地表达自己思想感情的一种能力。随着社会交往逐渐频繁，人们越来越重视"舌头"的功夫了。有的人讲话闪烁着真知灼见，给人以深邃、精辟、睿智、风趣之感，他们理所当然成了社交场上的佼佼者。

凡是善于谈话，并能够利用其美妙的言辞引起他人的注意，使他人倾倒、使他人乐于亲近的人，在社交中，将会受益无穷。

善于谈话的人，不但能使不相识的人见了他产生良好的印象，并且能多识与多交朋友。他能广结人缘，受人欢迎；他可以得到最上流的交际，即便他自己的地位也许很低下。

平日的聊天是没有明确目的的即兴式交谈，因此有人认为，聊天不存在交际方面的东西。但是，聪明的人往往会利用聊天的机会，认识朋友，拉近关系，增进友谊，获得许多新的信息，扩大接触面。

聊天还可以调节心理、愉悦情怀，使你郁闷不堪的心情在聊天中烟消云散；你也可以在聊天中去安慰别人，鼓励朋友，解决矛盾，加深了解。

因此，聊天也是一种交际，其深刻的交际内涵在聪明人眼里是宝藏，在不识货的人眼里是稻草。对于如何利用聊天聊出名堂来，从而达到交际的目的，善于言谈的人有他们自己独到的方式方法。

聊天从本质上说是没有什么目的的，可以海阔天空地瞎扯。但从微观来说，闲聊未必就"闲"，口才好的人能从"闲"聊中聊出感情来，使之达到一定的目的。在这个过程中，他们可以掌握闲聊的方式和话题，把它变作具有目的的语言交流。

会说话的人总是有目的地选择话题。尽管聊天的范围不受限制，但是庸俗低级、格调低下、无意义与价值的话题他们一般都不谈，搬弄是非、贬抑他人的话题更是回避，对方的忌讳和缺点从不提及。

他们从不选择挑战性的话题。因为他们知道挑战性的话题容易引起争论，弄得大家不欢而散。他们也不会自以为是，以教训的口吻与他人沟通，不随便炫耀，导致别人的反感。与别人在一起聊天，他们绝不会独占鳌头，而总是使大家都有发言机会。

可见，并不一定是在正式场合才算社交，像聊天这种轻松随意的交流也算作社交，一个善于言谈的人总是能在这看似平平无奇的聊天中获得很多的人际关系。

社交成功的人往往离不开他的一张社交好嘴，而要说到社交口才，风趣的谈吐不得不提。幽默的语言能帮助我们与他人进行沟通和交往，还能帮助我们处理人际关系问题，顺利渡过困难的处境。

幽默能够帮助我们在社会交往中与人建立一种和谐关系。当我们希望成为能克服障碍、具有乐观态度、赢得别人喜爱和信任的人时，它就能帮助我们达到目标。

在社交场合，当你看穿他人的想法时，不妨神色自若，然后轻松地使用幽默力量。例如，西方著名喜剧女演员卡洛柏妮，有一次坐在某餐厅里用午餐，这时有一位老妇走向她的餐桌，举起手来摸摸卡洛的脸庞。这位老妇的手指滑过她的五官，带着歉意说："我看不出有多好。""省省你的祝福吧！"卡洛说，"我看起来也没有多好看。"卡洛这一妙语，打破了双方的尴尬局面。

如果我们想要在社交生活中给人一个良好的印象，就得运用幽默的力量。不论做客或是待客，我们都要尽力以此待人。当我们进入室内，就要把幽默的力量反映出来。一个面带怒容或神情抑郁的人，不会比一个面露微笑、看来健康快乐的人更受欢迎。纽约一家著名的时装公司董事长史度兹曾经说："客人所能发出的最美妙的声音，就是笑声。"

无论在何时何地，幽默都会帮你打开人与人沟通的大门，假如你要去赴朋友乔迁新居的宴会，主人也许会有点紧张，这时正是你运用幽默力量向他开开玩笑，松弛他心情的大好机会。例如可向主人说："王小姐邀请我来的时候，告诉我说：'你只用手肘按门铃就得了。'我问他，为什么非用手肘去按不可，她说：'你总不至于空手来吧，会吗？'"

由于社交原因、政治兴趣、业余爱好等，我们的生活中存在着许多社会团体。而这些团体则是社会上的人所聚集的小社会。在这些社会团体中，不论你只是其中的普通一员，或者担任委员、干事、总干事、主席等，你都运用幽默的力量在其中，就会获益匪浅。

总之，从友好的态度生发的幽默，就相当于好的仪态举止，能使我们的社交活动游刃有余，不断成功。

说话风趣，还可以使许多尴尬、难堪的交际场面变得轻松和缓，使人立即消失拘谨或不安，使气氛得到活跃，使谈话者之间关系融洽，沟通人们的思想感情。

比如，罗纳德·里根就任美国总统后，第一次访问加拿大期间，他向群众发表演说，正在这时，许多举行反美示威的人群不时地打断这位总统的话语。陪同他的加拿大总统埃尔·特鲁多显得很尴尬，里根却面带笑容地对他说："这种事情在美国时有发生。我想这些人一定是特意从美国来到贵国的。他们使人有一种宾至如归的感觉。"里根幽默、风趣的言谈，使紧皱眉头的特鲁多顿时眉开眼笑了。

幽默是人的思想、学识、智慧和灵感在语言运用上的结晶，是瞬间闪现的光彩夺目的火花。幽默初看起来似乎是一种表面的滑稽，逗笑的形式，而实际上它是以严肃的态度来对待对象、现象和整个世界的。它能使听者对你说话的感兴趣。

幽默只是说话艺术中的一个部分。社交中处处都有口才发挥的空间，好口才能使社交得心应手，使你充分展现自己的魅力，从而获得更多的人脉资源。

求职面试，好口才是谋职成功的必备条件

美国成功学大师戴尔·卡耐基曾说："当今社会，一个人求职的成功，仅仅有15%取决于技术知识，而其余的85%则取决于口才艺术。"由此可见好口才的重要性。拥有好口才，已经成为现代人谋职成功的必备条件之一。

1860年冬季的一天，整个伦敦被笼罩在纷飞的大雪之中，街头行人稀少。然而，却有一名衣冠不整、神情忧郁的青年徘徊在一家豪宅门口。那是当时英国巨富克尔顿爵士的宅院，

据说那座宅院是当时伦敦最华丽的豪宅之一。青年要求晋见克尔顿爵士，让爵士给他一份工作，已经在那里同门房软磨硬泡了两天，可势利的门房就是不替他通报。在门房的讥嘲恐吓中，青年却丝毫没有离去的意思，而是一边跺着脚祛除寒冷，一边继续等待机会。

第三天的早晨，克尔顿爵士出现了，他要去赴一个约会。青年突然出现在他的面前，诚挚地请求和他说一句话。克尔顿爵士打量了一下这位陌生的怪客，感到有点惊奇，这显然是个饱受穷困折磨的青年，或许是出于好奇，也或许是出于怜悯，沉默片刻，克尔顿爵士微微地点了点头。

克尔顿爵士原本准备最多和青年谈两句话，谁知一讲就是几十句，接着一分钟过去了，一刻钟过去了，他还没有打断青年的谈话。终于在半小时之后，克尔顿爵士宣布取消赴约之行，而用隆重的待客之礼将青年请进自己的豪宅里。在克尔顿爵士的书房里，两人又亲密地交谈了一个下午。等到傍晚时分，克尔顿爵士打电话叫来了替自己执掌生意的几位高级经理，一起为青年举行了一次小型宴会，并当即为他安排了一个重要职务。

自然，那位青年后来也不负克尔顿爵士所望，在进入克氏企业的几年后，他接替克尔顿爵士的重任，坐上了董事长的位子，并且在以后的 20 多年里，将克氏企业发展成为举世闻名的大财团之一。

那位青年就是英国纺织业巨头霍格。

一名穷途潦倒的青年，在半天之内，竟然获得如此令人羡慕的发展机遇，他成功的秘诀是什么呢？

不正是他那流利动人的好口才吗？

有两位司机给领导开车，由于单位裁员，必须让一个人离开。于是，两人竞争上岗。第一个司机大概讲了十来分钟，说："我将来要还能开车，一定把车收拾得干净利索，遵守交通规则，要保证领导的安全，一定要做到省油。"第二个司机没用三分钟就结束了。他说："我过去遵守了三条原则，现在我还遵守着三条原则，如果今后用我，我还将遵守三条原则：第一，听得，说不得；第二，吃得，喝不得；第三，开得，使不得。我过去这样做，现在这样做，今后还这样做。"

在领导心目中，这个司机说得非常好。为什么呢？"听得，说不得"是指，领导坐在车上研究一些工作，往往在没讲之前都是保密的，司机只能听不能说，说了就是泄密。"吃得，喝不得"意思是，司机要经常陪领导到这儿开会，到那儿参观，最后总得吃饭，但是千万不能喝酒，这叫保证领导的生命安全。而"开得，使不得"就是，只要领导不用的时候，我也绝不为了己利私自开车，公私分明。这样的司机谁会不用呢？这不是会说话的效力吗？相反，不会说话很容易在竞争岗位时被淘汰掉。

在当今社会整体文化水平升高的环境下，才华横溢的人层出不穷，要想为自己谋求一份理想的职业已不是一件容易的事，到处都充满着激烈的竞争和挑战。要想在面试中脱颖而出，需要多种才能和"资本"，而良好的口才，是所有这些才能和资本中最有效的一种。

我国著名高校中山大学就业指导中心曾经举办过一场"全球500强企业——精英学子见面会"热身公开辅导讲座。讲座主要针对从广东及泛珠三角地区万份简历中挑选出来的参加这次见面会的500名精英学子，以及部分应届毕业生。来自广州卡耐基素质培训学校的两位资深顾问及讲师就"面试口才、形象礼仪"对求职的重要性为大学生做了形象生动的解说。

吴云川说，当众说话时，得体的形象与礼仪是一种自信的表现。说话看似小菜一碟，人人都会，但当众演讲时落落大方、言简意赅，却并非每个人都能办到。在面对各家单位的招聘人员时，有的大学生反应敏捷、措辞准确、侃侃而谈、娴熟地进行自我推销；而有的大学生则对答迟钝、怯于开口。在每一个应聘者都同样优秀的情况下——同样的学历、同样的专业，能使主考官做比较的恐怕是学子们的精神风貌、自信程度以及所表现出来的得体的交际礼仪了。

中山大学职业发展协会有关人士说明了他们的调查结果，越来越多的在校大学生也开始有意识地注重通过各种途径努力提高自己的说话水平。广州所有高校几乎都成立了口才协会。他们通过正规的社团组织为每一个有意提高说话能力的学生提供学习和锻炼的平台，并请有丰富演讲经验的教授和校外的当众讲话培训机构为会员上课。这种协会和口才培训班也得到了广大学生的欢迎。

从广州卡耐基学校的学员比例来看，报名参加当众演讲、形象礼仪、心理素质类课程的大学生比例一直在上升，比学校开设初期提高60%，这说明随着就业形势的日益严峻，越来越多的大学生意识到了口才的重要性。

不得不承认，好口才是一种立足社会的能力，一种成就卓越人生的资本。拥有好口才，就能够使你迅速说服他人，赢得考官的侧目，获得一个理想的职位，使你的事业开门见喜，一帆风顺。

掌握说服技巧让推销业绩倍增

在当今信息化的社会里，一个商品再好，假如不广为宣传，就会在浩瀚的商海里被淹没；而在当今泛滥成灾的广告汪洋里，一个做了宣传的商品如果不被销售人员销售给客户进行切实的使用，不久也会被人们遗弃在记忆的角落里，再也不会捡起来重新审视。由此可见，一个商品能够为人们所接受和使用，销售人员起着至关重要的作用。而在日趋激烈的销售战场上，一个销售员如果没有巧舌如簧的口才，是很难拨动客户购买的心弦，从而在残酷的商战中立于不败之地的。交易的成功往往是口才的产物。

美国女作家巴巴拉写过一本书——《一个真正的女人》，主角埃玛出身贫寒而历尽艰辛，最终发迹成为经济舞台上的女强人。埃玛除了有绝对的自信之外，还有一副惊人的口才，这使她不断取得成功。文中写到一个圣诞节的前夕，埃玛正待在自己开的小铺子里，这时，一个富人家的管家太太杰克逊进店来采购。

埃玛迅速地看了一眼采购单，"好，很清楚，杰克逊太太。可是，也许您应该……"埃玛停下来，若有所思地看了一眼女管家，说，"我想是否应该增加一些肉制品。您知道的，孩子们很爱吃，今年假期又特别长。说实话，已经有不少人来订购。到周末是否还有剩余真难说。"

"噢！这我真没想到！那好吧，请把我要的数量增加一些。"这时，她的眼光落在进口食品上，"天哪，瞧这么多好东西！"女管家仔细看着土耳其蜜饯盒子和埃玛做的精致的标签：进口专卖，数量有限。

埃玛低着头，假装在看那张单子，对杰克逊太太的惊叫似乎没有听见。实际上她一直在注意这位主顾，暗暗琢磨着她的购货心理。那张标签是她昨晚故意加上去的，而且知道这样更能引起主顾的注意、好奇。

杰克逊太太好像被进口甜食迷住了，终于开口道："这些食品我都不认识，样子挺喜人的。可对我家主人来说，也许太奇特了。"

"您这么认为吗，杰克逊太太？所以我认为，凡是上层人家都对这类精致食品挺喜欢。"埃玛巧妙地话题一转，"说起来，我还真后悔货订得太少了。这点东西一抢而空。昨天塔楼区的一个厨娘，一下子就让我给她每样留两份。"她抛出诱饵后，故意又加了一句："当然了，价格是贵了一些。"

杰克逊太太回眸瞪了埃玛一眼，说："我家女主人从不担心价格贵，给我每样留 3 份。"

埃玛微微一笑。最近，她学会了利用阔人家厨娘和女管家之间互相攀比的心理，刺激她们的消费，增加了销售量。

"好极了，杰克逊太太。我立刻给您留出来。您知道，我对您历来乐意尽力效劳的，杰克逊太太。"

女管家有点飘飘然了。"真高兴您对我另眼相待，哈特太太。现在，您再看我的单子是否全了？"

埃玛装作认真思考过的样子："如果我是您的话，我就再加两听猪肉罐头，3 听苹果汁。有备无患。"杰克逊太太看着埃玛，好像她帮了她多大忙似的。"谢谢，哈特太太。您想得真周到，自从您在中心街开店后，我省事多了。好了，我该走了。祝您圣诞节好，宝贝儿。"

"您简直可以把戈壁滩的沙子也卖掉，埃玛，我从没见过谁这么会推销的。好家伙，你把她的订货增加了一倍。"一位顾客即席发表评论说。

"3 倍。"埃玛说，并狡黠地笑了笑。

在这儿，埃玛如此自然而然地向顾客推销了比原来多得多的货物，使人不能不称道口才在推销过程中举足轻重的作用。

说服的艺术就是通过说情况讲道理，获得对方理解信服的艺术。说服的艺术是一种十分重要的语言艺术，在销售过程中起着非常重要的作用。虽然仅凭出色的口才和语言天赋还不足以使一名销售人员在销售领域脱颖而出，成为销售界精英，但是不可否认的是，如果没有这项能力，销售人员想要获取销售的成功，无疑是很难的一件事。能言善辩是一个合格的销售人员应当具备的优良素质之一。几乎每一个成功的销售人员都有卓越的语言表达能力，他们在介绍产品时用词简洁准确、讲述明了适度、方式入情入理、话语亲切优美，能感染对方，激起客户的购买欲，以达到销售的目的。

有一家公司新生产了一种空调，让两个推销员去推销。一个推销员一天卖了两台，另一个推销员一天卖了30多台。差别在哪里呢？在于是否会说话。

通常，会说话的推销员能比其他人多卖更多的东西！

卖了两台的推销员见到准顾客时会说："先生您买空调吗？我们这新造的空调可好了，您买吧！"人家说："我不买。"他便扭身就走。他这样说话一天能卖出几台呢？

卖了30多台的推销员是这样说的："先生，您忙不忙？您要不忙的话，我向您介绍一下我们最新生产的空调。这个空调的整个功能，与过去所有的空调都不一样，它不仅能够杀菌，还能过滤空气，能自动定时关闭，能自动调温。这个空调在整个现有的空调当中，质量是最好的，功能也最齐全，价钱还比所有的空调都便宜。别人承诺可以保修 2 年、保 3 年，我们则能保修 5 年。先生您可以试一试，先使用它几天都可以。"听了这样的话，只要确实有需要，又有谁会不买呢？

对于推销员和搞营销的人来说，是否会说话，往往直接决定了其交易的成败。

原一平说："我之所以被人称为推销之神，可以归功于我的谈话技巧。我觉得谈话技巧非常重要。"他认为在约见客户的过程中，设法打开沉闷的局面，创造一个融洽和谐的气氛是十分重要的。只有在这样的气氛下生意才可能成交。而要达到这一点，推销员必须注意谈话的技巧，发挥自己幽默、亲切的特点。

原一平曾以"切腹"来逗准客户笑，拉近两人的关系。

有一天，原一平拜访一位准客户。

"你好，我是明治保险公司的原一平。"

对方端详着名片，过了一会儿，才慢条斯理地抬头说：

"几天前曾来过某保险公司的业务员，他还没讲完，我就打发他走了。我是不会投保的，为了不浪费你的时间，我看你还是找其他人吧。"

"真谢谢你的关心，你听完后，如果不满意的话，我当场切腹。无论如何，请你拨点时间给我吧！"原一平一脸正气地说。对方听了忍不住哈哈大笑起来，说："你真的要切腹吗？"

"不错，就这样一刀刺下去。"他边回答，边用手比画着。

"你等着瞧，我非要你切腹不可。"

"来啊，我也害怕切腹，看来我非要用心介绍不可啦。"

讲到这里，原一平故意让表情突然由"正经"变为"鬼脸"，于是，准客户也忍不住和他一起大笑起来。

无论如何，总要想办法逗准客户笑，这样，也可提升自己的工作热情。当两个人同时开怀大笑时，陌生感消失了，成交的机会就会来临。

"你好，我是明治保险公司的原一平。"

"噢，明治保险公司，你们公司的业务员昨天才来过，我最讨厌保险，所以他昨天被我拒绝了。"

"是吗？不过，我总比昨天那位同事英俊潇洒吧？"

"什么，昨天那个业务员比你好看多了。"

"哈哈……"

善于创造拜访的气氛，是优秀的推销员必备的。只有在一个和平欢愉的气氛中，准客户才会好好地听你说保险。而这种气氛完全就靠推销员高超的谈话技术。

不过，在现实中有不少人对此存在一个认识上的误区，在他们看来，好的语言表达能力就是讲话如长江之水，滔滔不绝，事实上并非如此。判断一名销售人员是否具有好的语言表达能力，要从他所谈论的话语是否具有说服力上来分析。销售的主要目的是说服，说服力的强弱是衡量销售员销售能力强弱的标准之一。有的销售员滔滔不绝，不但不能说服客户，还有可能引起客户的反感。而有的销售员看似木讷、呆板甚至说话结巴，却能一语中的，使客户买得开心。因此，真正的说服是需要技巧和艺术的。

作为一名销售人员，想要客户心甘情愿地从腰包里掏钱购买你的产品，必须掌握说服的技巧和艺术。用出色的口才将自己产品的独特卖点以及其他足以让客户欣赏的优越性展现给客户，让客户对你及你所销售的产品心服口服，这就要求专业销售人员不仅对自己产品的优越性、客户的心态等了如指掌，更要有外交家一般的好口才。

为了拥有外交家般的好口才，很多优秀的销售人员都会给你这样几个方面的建议：

（一）广闻博识

他们认为只有懂得多了，脑子里才有内容，才不至于理屈词穷。一个优秀的销售人员不但要对自己的产品了如指掌，在向客户介绍产品时口若悬河，还要了解除此之外的各方面的知识，这样才能在谈判陷入僵局时有其他话题，以缓和紧张局面。

（二）自觉训练

只做到广闻博识还不能达到拥有一个好口才的目的，常见到有些学富五车的人虽然懂得不少，却整个一个茶壶里煮饺子——肚里有货倒不出。一个杰出的销售人员还要经常有意识地多说话，说好听的话，说让人开心的话，说让人心悦诚服的话。只有经常自觉训练了，才会在面对客户时，临场发挥好。

（三）以理服人

懂得多了，会说了，便要做到以理服人，而不是强词夺理。否则，人家虽然说不过你，也只会口服心不服，达不到营销的目的。要做到以理服人，首先要求你自己要明理，要在说服别人前做好充分的准备，收集与此话题有关的各种材料。

（四）以情感人

对客户说话时，在自己的动作表情中要竭力避免焦躁、着急的不良形象，要显得谦逊、谨慎，宜用谦和协商的语气，要充满情感，让客户感到你不仅仅是向他卖产品，更是为了让他的生活更丰富、更幸福，你可以向客户问些有关他生活的方方面面，问他对产品还有什么意见，有什么想要改进的要求。这不仅仅是为了增进与客户之间情感的互动交流，更可以让你明白客户的内心需求，从而在下一次拜访客户时，可以更好地拿捏分寸，更好地去掌控洽谈的局面，从而做到销售的成功。一个成功的销售人员还会以对自己产品的骄傲与自豪的情感来感染客户对产品产生喜爱之情，进而使客户产生购买欲。

（五）注意维护对方利益

在介绍产品的适用性时，要从维护消费者的利益出发，比如产品价格、质量、特色、良好的售后服务等各方面，来向客户说明这种产品是同类产品中最适合他使用、最能维护他作为消费者的权益的产品。在这个时候，尤其是客户已经在很注意地听你讲述的时候，千万不要只略述一二，而要很详细地按照主次先后将适合于客户的优点耐心细致地向客户一一说明。为了让客户对你的产品产生深刻印象，不妨拿同类产品和自己的做个对比，以将自己产品的优良性能凸显出来。即便自己的产品在某些方面有不如其他产品的地方，也不要避而不谈，甚至可以主动向客户说明，然后将各方面特征综合起来加以比较，让客户明白你的产品虽然在某些方面具有一定劣势，但总的来说还是最适合他使用的。

从销售人员对口才的重视态度就可以知道口才的好坏决定着推销业绩的高低，口才就是推销行业的敲门砖、垫脚石。

无硝烟的商业战场，口才是必备武器

如果我们将目光仅仅集中在商场上，情形也一样。商场是一个展示口才的好地方！商家为了自身的生存和发展，就不可能不用最好的产品来赢得市场；需要招聘人才，就得到人才市场上去招聘；需要筹措资金，就得同银行等金融机构谈判；需要采购原材料或成品，就得同供应商谈判；需要推销产品，就得同用户或消费者谈判；需要扩大产品知名度，提高企业的声誉，就得同广告公司谈判；需要引进投资，需要引进技术，都得通过谈判；即便是生产往来中出现了问题，向对方提出索赔，也必须通过谈判解决。如此看来，这一切都离不开嘴。一个精明的商家说过这样一句话：一个成功的谈判者首先必须是一个出色的口才高手！

商场之上，风起云涌，商战轰轰烈烈。欲在竞争激烈的商场上开辟并发展一块立足之地，商家不能不重视商务谈判。"纵横舌上鼓风雷"，商务谈判比日常生活中的谈判更富有竞争性，更富有技巧，它关系到企业的生死存亡。

有一位企业家在与外商做生意时，因意见不同，双方僵持不下，彼此互不相让，一时间，气氛相当紧张。这时，企业家像是灵机一动，说道："我提个建议，我们放假一天，由我方公司做东，我们参观一下当地的名胜，晚上再到最有名的舞厅去轻松一下，怎么样？"主人提出邀请，客人自然不好回绝。于是，企业家带着双方人员游览了当地的名胜古迹。双方离开了枯燥、烦闷的会议室，玩得都很尽兴，尤其是双方的年轻人，已经成了朋友。当晚，企业家又带领大家来到该市最好的舞厅，并主动请对方女代表跳舞。接着，双方其他代表也相继走下舞池，翩翩起舞。由于近距离接触，彼此熟悉得很快。

第二天，双方的敌对情绪已经缓和了许多，由于已经成了朋友，都希望尽快达成协议。达成协议后，对方代表说："其实，我注意的不是游览、娱乐，而是通过你们对这两项活动的组织，让我看到你的属下口才能力好，办事都井井有条，进出、站立、举止与礼貌都非常规范，从中我也看到了您的管理能力、气度与精神面貌。所以，我才下定决心与您合作，我觉得这是最好的选择。"那位企业家只淡淡一笑。其实，这两项活动是他早就安排好了的。在活动中，大家应该如何说话，如何组织，怎样表现，甚至领导班子成员的舞姿都经过了训练。

优秀的口才，不仅可以展现你的风度与诚意，还可以使你多一个生意上的朋友，或一个潜在的客户。

商场谈判是一个过程，也是一种较量，是谋略的较量，也是口才的较量，不具备一流的口才是无法进入实际的谈判过程的。

在一场中日贸易谈判中，一开始，中方公司的一位领导一本正经地对日方代表说："非常抱歉，今天我方的另一位负责人王先生不能亲自来参加谈判了。因为不巧得很，你们的竞争对手今天也来了，我们不得不将谈判团的人员一分为二，王先生去接待他们了。我代表本公司向诸位表示歉意。"

其实，根本就没有竞争对手到来这回事，这只不过是中方故意布下的疑阵。结果，日方谈判代表一听，十分紧张，他们担心竞争对手会将这笔生意抢走，回去不好向上司交代。中方代表抓住了他们的这种心理，步步紧逼；日方步步退让。最后，这笔生意以中方感到十分满意的价格成交了。

事业的成功与失败，往往决定于你的口才，决定于你在商战中所说的话，这是千真万确的，一个人在商业上的成败，常会在一次谈话中获得效果。如果你想谈判成功，必须具备应付自如的口才能力。口才，为你的经商成功鸣锣开道。

会说话，好办事

"这年头，办个事儿真难啊！唉！"现实生活中，我们常常听到这一类的抱怨。其实这也没什么，因为大多数人都是这样。关键在于有些人天生不善言谈，把本来可以抓到的机会和有用的人都轻易地漏掉了。

生活中，我们需要求人，需要说服人，需要维系人与人之间融洽的关系。有些人不会说话，结果总让自己活在进退不能自如的紧张和压迫之中，每天气喘吁吁，惊惧不安。有些人懂得说话的艺术，有一张好嘴巴，如果他们本来平庸，这张好嘴巴能让他们出类拔萃；如果他们本来优秀，这张好嘴巴则令他们更加锦上添花。

　　唐代天祐年间，叛臣朱全忠的队伍中有一员猛将高思继，他善用飞刀，百步取人首级，后来被李存孝生擒。李存孝本意留他在帐前听用，可高思继却执意要回山东老家过田园生活，以此改恶从善。后来，李存孝被奸臣康立君、李存信所害。朱全忠闻李存孝已死，又发兵来犯，其帐前王彦章不仅勇猛盖世，且智谋过人。晋王将士皆哑然相对，无人请战。晋王见状，痛哭一场。还是长子李嗣源说道："昔日降将高思继闲居山东郓州，何不请他迎敌？"晋王闻言大喜，遂命李嗣源前往山东求将。

　　李嗣源来到山东郓州，直奔高家庄寻高思继。提起前事，高思继说道："自勇南公存孝擒我，饶了性命，回到老家，'苦身三顷地'，与世无争，今已数年，早把兵家争战之事置之身外。今日相见，别谈这些。"李嗣源见高思继已无出山之意，于是在心里暗暗琢磨良策。自古道：文官言之，武将激之。对高将军好言相求，难以奏效，必须巧用激将之法，激其就范。于是，李嗣源编出一通谎言，说道："天下王公，各镇诸侯，皆闻将军之名，如雷贯耳，称美不已。我与王彦章交兵败下阵来，我对王彦章说：'今日赶我，不足为奇，你如是好汉，且暂时停战。我知道山东浑铁枪白马高思继，盖世英雄，有万夫莫当之勇，待我请来，与你对敌。'王彦章见我阵前夸耀将军，愤然大叫："就此停战，待你去请他来，不来便罢，若到我这宝鸡山来，看我不把他剁成肉酱！'"高思继本是勇武之人，生性直爽豪放，经此一说，不禁激得心头火起，口中生烟，大叫家丁："快备白龙马来，待我去生擒此贼！"遂披挂上马，辞家出山，向宝鸡山飞驰而去。

李嗣源利用最常用也是最有用的一招求人法——激将法，使得事情圆满成功。求人时，尤其是求熟人的时候，利用一下感情，摸透对方心理，采用适当的激将，他就会动用他的所有关系和力量，尽力帮你把事办好，以显示他的威力。

人与人之间本来有许多地方是相同的。如果你能掌握一定的说话技巧，就能使人与人之间内心深处的相同之处真正变成一种共鸣，这对你求人办事帮助很大。

伽利略年轻时就立下雄心壮志，要在科学研究方面有所成就，他希望得到父亲的支持和帮助。

一天，他对父亲说："父亲，我想问您一件事，是什么促成了您同母亲的婚事？"

"我看上她了。"父亲答道。

伽利略又问："那您有没有娶过别的女人？"

"没有，孩子。家里的人要我娶一位富有的女士，可我只钟情于你的母亲，她从前可是一位风姿绰约的姑娘。"

伽利略说："您说得一点也没错，她现在依然风韵犹存。您不曾娶过别的女人，因为您爱的是她。您知道，我现在也面临着同样的处境。除了科学以外，我不可能选择别的职业，因为我喜爱的正是科学。别的对我而言毫无用处，也毫无吸引力！难道要我去追求财富、追求荣誉？科学是我唯一的需要，我对它的爱有如对一位美貌女子的倾慕。"

父亲说："像倾慕女子那样？你怎么会这样说呢？"

伽利略说："一点也没错，亲爱的父亲，我已经 18 岁了。别的学生，哪怕是最穷的学生，都已想到自己的婚事，可是我从没想过那方面的事。我不曾与人相爱，我想今后也不会。别的人都想寻求一位标致的姑娘作为终身伴侣，而我只愿与科学为伴。"

父亲似乎有所感悟，但始终没有说话，仔细地听着。

伽利略继续说："亲爱的父亲，您有才干，但没有力量，而我却能兼而有之。为什么您不能帮助我实现自己的愿望呢？我一定会成为一位杰出的学者，获得教授身份。我能够以此为生，而且比别人生活得更好。"

说到这儿，父亲为难地说："可我没有钱供你上学。"

"父亲，您听我说，很多穷学生都可以领取奖学金，这钱是公家给的。我为什么不能去领一份奖学金呢？您在佛罗伦萨有那么多朋友，您和他们的交情都不错，他们一定会尽力帮忙的。他们只需去问一问奥斯蒂罗·利希就行了，他了解我，知道我的能力。"

父亲被说动了："嗯，你说得有理，这是个好主意。"

伽利略抓住父亲的手，激动地说："我求求您，父亲，求您想个法子，尽力而为。我向您表示感激之情的唯一方式，就是保证成为一个伟大的科学家。"

伽利略最终说动了父亲，他实现了自己的理想，成了一位闻名遐迩的科学家。

伽利略采用了"心理共鸣"的求人办事法，先不切入正题，以对方当时的心情来体会现在的心情，引起对方兴趣，然后再逐渐转移到正题上。整个过程使我们不得不相信，如果伽利略没有足够好的说话技巧，他就不可能成为后来的大科学家伽利略。良好的口才为他打开了通往理想的第一扇大门。

求人办事有多种多样的方式，但不管你是送礼或别的什么，你必须口头来表达清楚你的意思。人们不难发现，同样的请求内容，不同的人，用不同的方法和语言表达出来，得到的结果常常是不一样的。

求人说话必须说动人心，诚恳、礼貌地勾起对方要帮助你的欲望。所谓诚恳是指要让被请求者感到你是发自内心求助于他，从而重视你的请求。这是求人成功的先决条件。

所谓礼貌是指应该尽量选用被请求者乐意接受的称呼，像在问路、请求让座时，这一点就显得非常重要。问路时，称对方为"老头""小孩子"，那你肯定一无所获；若改用"老人家""小朋友"等，效果就会好些。

不强加于人是指不用命令、祈使的语气，而多用委婉、征询的口气，例如，尽可能地使用"麻烦""劳驾""可以吗"这类句式，即使是很熟的人，这一套也是非常好使的。

所以，掌握几种求人的语言技巧是非常有必要的。

比如以情动人。这一般用于比较大的或较为重要的事情上。把对人的请求融入动情的叙述中，或申述自己的处境，以表示求助于人是不得已之举；或充分阐明自己所请求之事并非与被请求者无关，以使对方不忍无动于衷、袖手旁观。

还有"先捧后求"。所谓"捧"在这里是指对所求的人恰到好处、实事求是的称赞，并不包括那种漫无边际、肉麻的吹捧。任何人都不会拒绝别人的赞美，所以求人时说点对方乐意听的话，尤其是顺便就与所求的事有关的方面称赞对方一下，也不失为一种求人的好办法。

天底下没有免费的午餐，求人时也要注意互利原则。这就是"互利承诺"。在求人时不忘表示愿意给对方以某种回报，或将牢记对方所提供的好处，即使不能马上回报对方，也一定会在对方用得着自己的时候鼎力相助。配以"互利"的承诺，让对方觉得他的付出值得，同时也会对求助者多一分好感。

求人是正常的，但是求人毕竟是要麻烦人家，所以在说话的时候尽量委婉动听、讲究技巧，会让对方觉得帮助你义不容辞。

求人办事的方法千百种，有效的语言手段是一个必要条件。彬彬有礼的语言是最好的敲门砖，讲究分寸和火候就会让人无法拒绝。

如何练就交际语言表达力

第一章 说话，原则很重要

说话要有针对性

人与人之间的差异有时是惊人的。独特的个性、爱好、独特的知识结构、心理态势，使某个人只能是"这样"而不能是"那样"。因此，与不同的人交谈，就要采取不同的谈话方式。

俗话说"看碟下菜，量体裁衣"，见什么人说什么话。那么，是不是就要"曲意逢迎""逢场作戏"呢？可以说"是"，也可以说"不是"，可以庸俗化，歪曲为虚情假意，也可以实事求是，理解为灵活机动，具体问题需具体对待。

我们主张说话一定要看场合和对象是为了遵循交际规律，在真诚待人、平等互利的基础上看准对象才说话，以科学的态度掌握人际交流的艺术。

说话首先要看对方年龄，与长辈说话和与晚辈说话的分寸就各不一样。

长辈，特别是上了年纪的人的一大特点是喜欢追怀往事，如果你能令他回想起曾经历过的某一段美好时光，他会变得很快乐，喜欢同你说话，而一旦打开话匣子，就会有说不完的话。在同年纪较大的长辈说话时，应避免过多地谈及"老"，这样会使他觉得自己行将就木，感叹人生短促，引发他的伤感情绪。如果遇到一位"不服老"的人，他将会对你产生不满。因此，与长辈说话，不应该像与平辈说话那样无所顾忌，不注意分寸。

与长辈谈话，也不必过分表现你的恭敬有礼，或者勉强自己一定要听完他的长谈。由于老年人一般讲话缓慢，有时碰上一位融洽的闲聊者便会滔滔不绝，话无止境。因此，听他讲多长时间应随自己的兴趣而定。不管他如何漫谈，可以让他讲完一个完整的故事，然后借机离开。离开时对他的谈话表示热情的感谢，再礼貌地告别。

有些长辈，虽然年纪不小了，还能保持年轻人的心态，像个老顽童一样快乐。他们会以幽默克服自己的弱点，对于社会仍能事事关心，甚至完全不觉得老。

但也有不少长辈，在独处时，会感到寂寞，有的还会因为老来多病而苦恼。对于他们，我们应该多给予关心，多讲一些安慰的话。想一想，总有一天我们也会像他们一样老，唤起自己的同情之心，同长辈谈话的分寸也就好掌握了。

如果是跟晚辈说话，首先，不要摆老资格。经验这个东西绝非万能之物，如果老年人张口闭口就是"我当年如何如何……""你们年轻人该如何如何……"这样的话，相信没有哪个年轻人爱听。这就是与晚辈说话不讲分寸的一个体现。

长辈与晚辈相处，应多谈一些年轻人感兴趣的话题。所谓的经验，有时是有局限性的。此一时，彼一时，此一地，彼一地，环境千差万别，经验不可能永远万能。

此外，不要倚老卖老。有些老人在与晚辈谈话时，经常漫不经心、心不在焉，易使青年人感到自己被轻视。即使他面前的老人据其阅历、学识有足够的理由轻视他，他也很难愉快地接受这种轻视。这种情绪的影响，往往会堵住思想的闸门，使他们不愿意再同老人多说，甚至把已经准备好的心里话，把急需和老人商谈的问题都"咽"回去。

所以，与晚辈人说话时，不去轻易否定一切来自青年人的看法，应在做出中肯的分析后，为他们答疑解惑，给予满腔热情的支持。即使年轻人的某些看法显得不成熟，显得幼稚、单纯、片面，也不要随便几句话便做出全盘否定。

说话时还要注意不同的人有着不同的基本情况，比如对方的性别、文化程度、身份、职务等。

对不同性别的人讲话，应当选择不同的方式。

一位男青年碰到了好多年不见的女同学，大声嚷嚷起来："你真是越长越'苗条'了！可惜啊，中国没有相扑运动。"女同学扭头就走，男青年讨了个没趣。

对于"老"字，男人一般觉得没多大关系；但若说某位女性老，她会非常不悦。

说话看对象，要看对方的文化程度也是很重要的一项。人口普查员填写人口登记表，问一个没有文化的老太太："您有配偶吗？"老太太说："你问我有没有买藕吗？"结果闹了个笑话。

说话看对象还要看对方的身份职务。身份职务不同并不妨碍人际交流，下级对上级、晚辈对长辈、学生对老师、普通人对有名气地位的人等，不应当也不必要表现得屈从、奉迎。但在言谈举止上则不要过于随便，有必要也应当表现得更加尊重一些。如学生与老师之间发生了矛盾，可以像同学之间发生矛盾一样平等地交流、沟通，但在说话上应当注意方式和讲究措辞。

谈话对象还要分性格和心理状态。

性格外向的人易于和人交谈，性格内向的人多半"沉默寡言"，不善于主动与人交谈。同性格开朗的人谈话，你可以侃侃而谈；同性格内向的人谈话，就应注意分寸，循循善诱。孔子的"因材施教"用在这里也很恰当。一次，孔子的学生仲由问："听到了，就去干吗？"孔子说："不能。"又一次，另一个学生冉求又问："听到了，就去干吗？"孔子说："干吧！"公西华在旁听了犯疑，就问孔子："两个人的问题相同，而你的回答却相反。我有点儿糊涂，故来请教。"孔子说："求也退，故进之；由也兼人，故退之。"（意思是，冉求平时做事好退缩，所以我给他壮胆；仲由好胜，胆大勇为，所以我劝阻他。）孔子教育学生因人而异，我们谈话也要因人而异。

不同的人在不同的情况下有不同的心态，有时候甚至不会从外表明显地表露出来，这时作为表达者就应当洞察对方的心理，以便进行有效的交流。

有一次，几个即将毕业的研究生到某机关去求职。接待他们的是一位六十来岁的局长，他说，机关的许多部门编制有限，个别的可以考虑吸收，几个人都来不好安排，因为名额很少。听了这番话，一位女研究生感叹："有些老家伙早该退休了，就是赖着不走……"这么一说，老局长的脸色变得很难看。老局长六十来岁的人了，整天为退休的事情犯愁，而这时听到如此嘲讽，心里是何滋味！

以上这个事例告诉我们：说话一定要看对象，注意对方的心理状态，观察对方的性格特点，尽量避免说话时无意之间伤了人。

谈话还应注意的是，跟与自己关系不同的人说话，也要区别对待。

许多人结婚后，认为对方成了"自己人"，在语言和行为上开始毫不在乎分寸，无所顾忌，想说什么就说什么，想怎么说就怎么说。这种在夫妻之间任其自然的做法有积极方面也有消极方面：积极方面是可以使夫妻双方推心置腹；消极的方面，就是有时不加考虑的言行会伤害对方的感情。

如果是朋友惹恼了你，你可以在一段时间内拉开距离，直到气消后再去找他。但不管妻子对丈夫或丈夫对妻子多么生气，却无论如何是回避不了的。因此，体谅就显得非常重要，理解也成了把握分寸的基础。

最容易激起对方反感的莫过于拿别人家的丈夫、妻子做比较，来贬低自己的丈夫或妻子："你看看人家老王，有手木匠活多好，光是每月给别人做几个大柜，就挣千八百！""同样的收入，人家小陈家月月存钱，你呢？月月超支，怎么当的家？"

俗话说："人比人，气死人。"要是对方接受数落，咽下了这口气倒也罢了，就怕对方回敬你一句："你觉得他（她）好，怎么不跟他（她）过去呀！"长此下去，夫妻关系必然产生裂痕。

跟朋友说话，要真诚、实在、和气，但这样不等于不讲究说话技巧、不需要分寸。话说得好，可以加深朋友之间的感情；话说得差，不讲究方式，迟早会使朋友疏远你，甚至得罪朋友。

多说对朋友有好处的话。在中国，中庸之道是一种至高的做人法则，掌握了这一法则，便会在生活中游刃有余。交友也讲中庸，除了"谈而不厌"外，还要"简而文""温而理"，简略却文雅，温和且合情理。

在说话过程中知己知彼，才能"百说百灵"。

同样的话，可能这个人说，你很愿意接受，而换了另外一个人说，不但不接受，还产生了反感，因此，说话要看对象，要有针对性。

说话要有准确性

在日常交谈的话语中，有不少词语在不同的条件下使用，往往有不同的含义，有的甚至完全相反，这就是"同语异义"的现象。它会给你带来不少麻烦，但也会带来许多便利。巧说"同语异义"比直言更能对听者产生强烈的吸引力，但如果运用不好则会带来很多麻烦。《三国演义》中描写的曹操误杀吕伯奢一家的故事就很有借鉴意义。

曹操刺杀董卓未成，便与陈宫一道投奔曹父的义兄吕伯奢家求宿。吕伯奢热情接待，上村西沽酒去了。

曹操坐了一阵，忽然听到后院有磨刀的声音，于是，与陈宫蹑手蹑脚进了后院，只听得有人说："捆绑起来再杀！"

曹操对陈宫说："不先下手，咱们就要死了！"

说着，便与陈宫拔剑冲了过去，见一人便杀一人。他们搜寻厨房，这才看见那里有一头捆绑起来等待宰杀的猪。

这个故事虽反映曹操疑心过重，但"捆绑起来再杀"这句不明确的言辞，对促成曹操杀人也起了很大作用。这说明"同语异义"的言辞一定要谨慎使用。

第二次世界大战期间也发生过因"同语异义"而误会的事。当时，由于德军经常空袭伦敦，所以英国空军总是保持高度警惕。在一个浓雾漫天的日子，伦敦上空突然发现了一架来历不明的飞机，英国战斗机立即升空迎击，到接近对方时，才发现这是一架中立国的民航机。

英国战斗机向地面指挥部报告了这一情况，请求指示。地面指挥部回答："别管它。"于是，英国战斗机发出一串火炮，把这架民航机打落了。后来，英国为此支付了一笔巨额赔偿才了事。对于此事，英国战斗机和地面指挥部都负有不可推卸的责任。

首先是地面指挥部，不该用"别管它"这样语义不明的言辞来回答战斗机的请示。这既可以理解为"别干涉它，任它飞行"，也可以理解为"甭管它是什么飞机，打下来再说"。

战斗机的责任是在听到这样可做完全相反理解的命令后，应该再次请示，然后再采取行动。这样就不致铸成大错了。

可见，这个"别管它"，就是一种"同语异义"的言辞。在遇到这种言辞时一定要慎重处理，切勿模糊不清，否则它会成为你与人沟通的障碍，甚至会得罪人。

一个说话准确的人，总可以准确、流利地表达出自己的意图，也能够把道理说得很清楚、动听，使别人很乐意接受。有时候还可以立刻从问答中测定对方言语的意图，并从对方的谈话中得到启示，增加自己对于对方的了解，与对方建立良好的友谊。说话有失准确的人，不能完全地表达出自己的意图，往往会令对方听得费神，而又不能使人信服。

1916年，美国化学家路易斯在一篇论文中首次提出了"共价键"的电子理论。这个理论对于有机化学的发展具有重大意义。可是这一理论发表后，在美国化学界并未引起应有的反响。其中一个重要的原因便是路易斯不善言谈，没有公开发表演说，宣传自己的见解。

三年后，美国另一位著名化学家朗缪尔发现了路易斯见解的可贵。于是，朗缪尔一方面在有影响的美国化学会会志等刊物上发表多篇论文，阐述和发展路易斯的理论，同时又多次在国内外的学术会议上发表演讲，大力宣传"共价键"。由于朗缪尔能言善辩，对"共价键"做了大量宣传解释工作，才使得这一理论被美国化学界承认和接受。一时间，美国化学界纷纷议论朗缪尔的"共价键"，而这一理论的首创者路易斯的名字几乎被忘却了，有人甚至把它称作朗缪尔理论。

说话要有修养

口才不同于在规定时间内去完成一件工作或起草一篇文章，更不是饮一杯茶、打一场球那样来得愉快轻松。口才的完善实质是很长一段时间集思想、语言行为、仪态、情绪等各个方面综合磨炼的过程，亦是内在修养的过程。在口才的积累中，这一过程应视为心理的准备与承受过程。一个人若只有语言能力，那么还不足以广受欢迎，必须抱着不同于寻常的心与人交往，才能使相处变得饶富趣味。

有些人喜欢抬杠，搭上话就针锋相对，无论别人说什么，他总要反驳。他本来一点成就也没有，不过你说是时，他一定要说否，到你说否时，他又说是了。这是最可怕的习惯，犯这种毛病的人很多，而且每每自己不知道。为什么会这样呢？因为他不喜欢听取别人的意见，在心中只有自己，而且他自以为比别人高明，事事要占上风。即使真的见识比别人高明，这种态度也是要不得的。这种习惯使人失去一切朋友和同事，没有人肯贡献给这样的人一点意见，更不敢向这样的人进一点忠告。唯一的改善方法是养成尊重别人的习惯，要知道，在日常谈论的十有八九没有绝对是非标准的问题当中，你的意见不一定对，而别人的意见也不一定错，把双方的总和再行分配，你至多有一半是对的，那么你为什么每次都要反驳别人呢？

口才是一种表达情意、与人交际的才能，但它不只是靠语言完成的，还要靠风度。

在口才的内在修养上，修养本身是修内在的承受力与胸怀，重要的是别把自己的工夫花在装腔作势上。我们无法更清晰地剖开所有人的"外衣"，只是我们潜意识里感到，一个人在拥有好口才的同时，一定要认清自己的真相，使心理与行为一致。通过自我研究，便能够客观地了解自己，就会发现自己的长处和短处了。如果能够养成这样一个习惯，对自己的工作、学习和生活会非常有帮助；并且只要不断地努力下去，你的潜能终会逐日显露出来，你拥有的长处也就能获得充分施展了。

说到口才修养，不得不提口德，"德"可以说是口才的灵魂。

口德除了伦理道德，还包括其他的一些层面，比如政治道德。这一层次对口才的影响很大，良好的政治道德情操将使你在面对任何难题时临危不乱，挥洒自如。

1931 年，"九一八"事变前后，我国著名生物学家童第周在比利时布鲁塞尔大学做研究工作。当时，日寇炮轰沈阳，占领我国东北。这个消息激起了童第周的满腔愤慨。他联合了许多中国留学生，发起抗日示威游行。比利时当局以"扰乱治安罪"审讯他，他理直气壮地回答："传单是我写的，游行是我带的头！但是，这不是扰乱治安，这是中国人的志气，是完全正义的。"他用自己的高尚情操、雄辩口才，维护了祖国尊严，维护了正义，赢得了世人的尊重。

一个注重言语修养的人，一个有益于他人的人，自然易于为他人所接受，他的话也就可能被别人奉为圭臬。"文如其人"是从写作角度说的，我们也完全有理由说"言如其人"。心理上的专注力、耐受力、进取心等品质，也将使你更具个人魅力，使你的口才更富内涵。

加强沟通和交流是现代社会的鲜明特征和明确走向。毋庸置疑，一名经常发表真知灼见的人，会给人以启迪和帮助，在交际中容易取得被人认可、受人尊重、得到重视的优越位置。但是发表己见是很有一番讲究的，处理得当，你的意见便能充分展现，反之则不能如愿。对此，一定要注意下面几点：

（一）见隙发话，不抢话争话

自己有真知灼见希望尽快发表出来，这种心情是可以理解的。但你同样也要给别人发言的机会，不能迫不及待，在他人侃侃而谈时，硬是卡断他的话头，让自己一吐为快；或者他人正欲发言时，你捷足先登，把别人已到牙根的话硬是挡回去，让自己畅所欲言。发表己见首先应具备的修养就是耐心，待别人充分发表了意见之后，或按次序轮到你时，你再发言不迟，这不仅不会减轻你发言的分量，还会调动大家的情绪。

（二）尊重他人，不随便否定他人意见

尊重对方是交际的一项基本原则。说话是人的思想的反映，尊重他人的意见，也就如尊重他这个人。但有些人为使自己的意见突出，引起他人对他谈话价值的充分认同，常自觉不自觉地对他人意见加以贬低、否定。结果引发了对方的不满和对抗，不仅自己意见未得到重视，反而遭到冷落和否定，自己的形象也受到贬损。有些善说话者，在发表己见时，恰恰采取相反的态度，他们会巧妙地从不同角度对已发表出来的意见加以肯定和褒扬，甚至采取顺势接话、补充发言的方式陈明己见，这样别人就会保持一个积极、良好的心态倾听他们的高论，他们的意见圆满发表了，他们的风格也显示出来了。

（三）注重语德，不要话中含刺

发表己见应只管把自己的意见、主张陈述出来，平心静气，用语讲究，不可话中有话，含沙射影，于言辞之间讽刺挖苦别人。无可否认，别人意见未必精当，有些还于你不利，但谈话本就是一种沟通和协商，大家都把意见亮出来了，真理和谬误自现。那种冷嘲热讽、话中含刺的方式，显然是不友好的，不仅难以达到交换意见的目的，还会导致双方形成对立关系，对别人是贬损，对你也毫无益处。

（四）发扬民主，不搞耳提面命

发表己见当然希望别人洗耳恭听，希望得到别人的注意和重视。但能否如愿，主要看别人。作为说话者，要做的是提高自己的说话水平和认识能力，使自己的意见足以引起听众的注意和震动。有些人发表己见时舍本求末，不注意把自己意见加以斟酌、优化，而是通过外在形式控制听众听话态度和情绪。

说话要看场合

任何说话总是在一定场合中进行，并受其影响和制约的。说话艺术的高低、效果的优劣，不仅和表达的内容有关，也与具体场合密切相连。场合不同，人们的心理和情绪也往往

会随之发生变化，从而影响说话者对思想感情的表达，以及
听话者对话语意义的理解。鲁迅曾讲过这样一个故事：

　　一户人家生了一个男孩，全家高兴极了，满月的时候，
抱出来给客人看——自然是想得到一点好兆头。

　　一个说："这孩子将来要发财的。"他于是得到一番感谢。

　　一个说："这孩子将来要做官的。"他于是收到几句恭维。

　　一个说："这孩子将来是要死的。"他于是得到一顿大
家合力的痛打。

　　前两个客人明显说的是假话，后一个客人说的是客观事
实，但为什么待遇不同呢？因为后一个客人说话不注意场合，
在人家欢庆时却说不吉利的话。

　　所以，说话时无论是话题的选择、内容的安排，还是言
语形式的采用，都应该根据特定场合的表达需要来决定取
舍，做到灵活自如。

　　一般来说，在非正式、非公开场合，如家人、夫妻、密
友之间的私人交谈，街坊邻里茶余饭后的品茗闲聊，三朋四
友酒席宴上的横扯竖侃，师生同事邂逅的问候致意，可以随
便一些、轻松一些，措辞不必那么讲究，即或出点格，也无

妨。而在正式、公开场合，如做报告、演讲、谈判、辩论、会议发言、答记者问、主持节目、讲课，以及出席外事活动等情况下，就应严肃、认真，尽量选准词语，把握分寸，绝不可信口开河，胡言乱语。特别是有身份、有地位、有影响的人，在这种场合更应注意。

场合有庄重和随便之分。"我特地看你来了"，表示专程来看你，显得庄重；"我顺便看你来了"，则有点随随便便来看的意思，有可能会减轻听话者的负担。可是，在庄重的场合说"我顺便看你来了"，显得不够认真、严肃，会给听话者蒙上一层阴影。在日常生活中，明明是"顺便来看你"，偏偏说成"特地看你来了"，则显得有些小题大做，使对方十分紧张。

据报载，葡萄牙的阿连特加地区由于水中含铝超标，已经致使16个人脑受损医治无效而先后死去，医院里还有些同症状的病人处于危险状态。政府决定彻底查清原因，采取防治措施。为此，环境部、卫生部的负责人、专家们和有关的医生们在米纽大学举行讨论会。会间休息时，环境部部长指着医生对大家开玩笑说："你们知道他们和阿连特加地区最近死去的那些人有什么关系吗？他们将那些人弄到金属回收厂，从那些人的肾脏中回收铝。"

这当然是说笑话，怎么可能从人体中回收铝呢？但是，在这样不幸的令人焦灼不安的时刻和场合开这样的玩笑，实在不应该。结果，这位环境部长随后声明道歉，并引咎辞职。

一般来说，说话应该与场合中的气氛协调。在喜庆欢快的场合，说话应有助于欢快气氛的加浓，切忌说晦气话。例如，王蒙在《表姐》一文中写道：

表姐非常关心别人，但关心往往成为担心，以不祥的预言的形式表现出来。邻居生了一个白白胖胖的小子，很招表姐喜爱，表姐就说"真怕他得了脑膜炎……"表弟买了一辆自行车，她就把"撞到汽车上""被贼偷走"等话挂在嘴上。我的功课学得好，她就说："会累出病来的。"她总是在担忧，有些担忧显得可笑，住进新房子担心房屋倒塌，吃了西瓜担心得痢疾；但往往很多事情不幸被她言中……听着她的话，简直像一个猫头鹰的诅咒一样令人产生反感……

如果你有这样一位表姐，你也会很厌烦的。

说话场合还有该说与不该说之分。在许多场合，好口才却不能派上用场，甚至还会产生副作用，而于交往不利。这时，缄口不言——闭着嘴巴不说话，反倒更利于与人打交道，更能收到交往的预期效果。这就是不该说的场合。

例如，在一个人情绪失控的情况下，任何安慰都难以使当事人接受，不如等他冷静下来，等他恢复了理智，再同他交谈为好。

在丧事场合，说任何喜乐的话、玩笑的话，都会引起当事人的不满；安慰丧亲的不幸者，说急于劝阻对方恸哭的话也是没有作用的，强烈的悲痛如巨石积压在心头，愈压愈重，不吐不快，让其宣泄、释放出来，反而有利于较快恢复心理平衡和平静的状态。

有些人遇到麻烦的时候，常常喋喋不休、唠叨不止，殊不知这样正好暴露了自己的弱点。处在尴尬情况下，与其聒噪不停，甚至说错话，倒不如保持沉默。宋代词人黄升在他的《鹧鸪天》中这样说："风流不在谈锋盛，袖手无言味正长。"这是不无道理的。

庄子曾经说过："大辩不言。""至人之用心若镜，不将不迎，应而不藏，故能胜物而不伤。"意思就是：最有口才的人，往往表现在善于闭着嘴巴不说话。其心里像镜子一样明亮，虽然清晰地映照着事物，却任事物来去而不加以迎送。因此能够自若地应接事物而不劳心神，最终战胜事物而自己却无任何损伤。

"不说"确是人际交往中言语运用的一件法宝。那么在哪些情况下应当不说呢？

在对方提出无理要求而且又迫不及待之时。

面对无休止的纠缠之时。

面对恶意挑衅之时。

面对狂躁、震怒之时。

当下属或孩子有小过错，且又有所醒悟之时。

当听众精力分散、窃窃私语之时。

不速之客来访，久坐不去，而自己又没时间与之闲侃之时。

说话人的言辞表达，不是在任何时间、任何地点都可以随心所欲地进行的，必须加以选择。

同一句话，在这个时间、这个地点，可以说；但在另一个时间、另一个地点，就不一定可以说。不可以说而说了，就可能影响交际效果，甚至出乱子。

说话要饱含智慧

口才反映一个人的道德修养、学识水平、思辨能力。要想使自己的语言具有艺术魅力，光靠技巧是不够的，一味地追求技巧而忽略自身的素质培养只能是舍本逐末。因此，我们在学习语言技巧的同时，还应全面提高自身的学识修养，将这种修养展现于我们的说话当中，从而体现出话语中蕴藏的智慧。

"才"是口才的核心，有口才的人不仅掌握了口语表达的技巧，而且是具有记忆才能、观察才能、思维才能、想象才能、创新才能和应变才能等综合才能。

说话是一种技巧，更是一门艺术。一句恰到好处的话，可以改变一个人的命运，一句言不得体的话，可以毁掉一个人的一生。职场上，每个人每一天和同事、领导难免有话要说；家庭中，同妻子、丈夫、父母、孩子必须进行交流；社交时，同朋友、客户势必联络感情。说什么？怎么说？什么话能说，什么话不能说？这些都需要我们掌握说话的艺术。在注重人际沟通的现代社会，说话的艺术也就是成功的艺术。

会说话，可以帮你办好难办的事。同一个问题变换不同的说话方式将得到截然不同的效果。

有求于人，想要拉近关系；遇到僵局，想要无形化解；遭到拒绝，想要说服对方，都需要掌握说话的艺术。说好难说的话，才能办好难办的事。

会说话，可以助你掌握通达的做人智慧。说话没分寸，没艺术，即使是赞扬的话，别人也充耳不闻。说话有分寸，讲方法，即使是批评的话，别人也乐于接受。会说话，好做人。

会说话，可以帮你成为社交高手。如何同上司说话？如何同客户沟通？如何拒绝朋友？如何抚慰家人？人情网中，拿好语言之矛，才能攻破人心之盾。

"学"是智慧口才的基础。人的才能是由知识转化而来的，是建立在知识的基础之上的。

才，是知识的产物，是知识的结晶。一个人才能的大小，首先取决于他自身知识的多寡、深浅和完善程度。同样，一个人口才的好坏，也与他的学识是否广博有着密切的联系。

古今中外的政治家、大学者无不以其口才和渊博的知识而著称。

要想让别人与我们交谈起来时觉得言之有物，不空泛，就要多加注意知识的积累，厚积薄发，才能智慧过人。否则，口才技巧就是空谈。

所谓"厚积薄发"是有一定道理的。因为言语是以生活为内容的，有生活，有实践经验，才有谈话的内容；有丰富的生活，有丰富的实践经验，谈话的内容才能丰富起来。因此，对于家事、国事都要经常关注，以吸取对我们有用的东西。对于所见所闻要加以思考、研究一番，尽量去了解其发生的过程、意义，从中悟出一些道理。这些都是学习和积累知识的机会。在日常生活中，要随时计划、安排、改进生活，不能随意性太强，让机会白白失去。

你若不安于做一个井底之蛙，就应静下心来努力学习，拓展自己的视野。你若不想说话空洞无物，就应下决心积累大量的、雄厚的、扎实的本钱，武装自己的头脑，让自己说话的内容丰富起来。

说话要有互通性

说话是双方面的，甚至是多方面的。在演讲的时候，只有他一个人在讲，无论他讲的是他自己预先拟好的演讲词，或是别人替他准备的演讲词，只要他懂得演讲的技巧，把演讲词明白生动地讲出来，就完成了演讲的任务。可是要做一次好的谈话，却不只是讲，还要善于听，不仅要把自己的话讲好，还要善于听别人的话，而自己所要说的话，也不能像演讲一样，可以事先完全准备妥当，照讲无误，而是要善于随机应变。

当你面对一个人谈话的时候，如果只是一大套一大套地把自己想好的话讲出来，而不了解对方的看法和兴趣，不能观察对方对你的话有什么反应，有什么疑问，不能及时地解除对方心理的症结，那你就不能算是一个好的谈话者。

成功的谈话是所有的人都积极参与谈话过程的心与心的双向沟通。要达到这种沟通，最有效的方式就是提问。适时巧妙地提问，可以避免交谈中的利害冲突，甚至还有可能掀起谈话的高潮。

提问有 4 种方式：

（一）限制型提问

这是一种目的性很强的提问法，也就是给所提的问题限制一个范围。它能帮助提问者获得较为理想的回答，减少被提问者拒绝回答的可能。

例如，香港一般茶室客人喝可可时，都喜欢放个鸡蛋。侍者在客人要可可时必问一句："要不要放鸡蛋？"有好多客人就回答说不要。但是如果侍者要问"放一个还是两个鸡蛋？"这样对方的选择范围就小了，提问者就可能得到一个满意的回答。

（二）选择型提问

这种提问方式多用于朋友之间，表明双方并不在乎如何选择。例如，你和朋友一起去酒吧，你不知他的喜好，便问："咱们要生力啤酒，还是青岛啤酒？"

（三）协商型提问

如果你要别人按照你的意图去做事，你可以用商量的口吻提问。例如，你要秘书起草一份文件，先把意图讲清，随后问一句："你看这样是否妥当？"

（四）婉转型提问

为了避免对方拒绝回答出现尴尬局面，可婉转地提出问题。例如，一个小伙子遇到了心爱的姑娘，但不知姑娘怎么想，他可以试探地问："我能陪你走走吗？"如对方不愿意，她的拒绝也不会令小伙子太难堪。

在日常交际中，一般不可问别人有多少钱，不可问女子的年龄，不可问别人的家世，不可问别人工作上的秘密。

在某国的一个教堂内，有一天，一位教士在做礼拜的时候，忽然熬不住烟瘾，便问他的上司："我祈祷时可以抽烟吗？"结果，遭到了上司的斥责。之后又有一位教士，也犯了烟瘾，却换了一种问法："我吸烟时可以祈祷吗？"上司莞尔一笑，答应了他的请求。

可见，问话需要讲求艺术。同样的要求用不同的方式提问，收到的效果截然不同。精妙的提问可以使你获得所需的信息、知识和利益，帮助你了解对方的需要和追求，从而达到人与人之间的交流和互助，促成交往的成功。提问要注意以下 4 个方面：

（一）提问一定要看对象

提问应因人而异，要从对方的年龄、身份、职业、性格以及不同的民族文化背景出发，选择不同的提问方式与技巧。如对高龄老人，就不宜问："你几岁了？"而应问："您高龄？""您高寿？"如对一位正感叹流年似水、老之将至的女士提出一个看似很平常的问题："您今年多大年龄？"尽管你毫无恶意，也定会惹得她不快。其次，不同的民族文化背景有着不同的提问寒暄方式。在我国，朋友、同事、邻居见了面习惯的提问是："吃过饭了吗？""忙着上哪儿去呀？"对方听了会感到亲切友好。但是同样的话，对英、美等外国人说，就会引起误解或让他们产生不快。问他吃过没有，他会误以为你要请他吃饭；问他上哪儿去，他则认为你在干预他的私事。再次，提问要根据对方的知识水平。例如，有一位记者去一家机床厂采访一个曾去过埃及的工人，想请他谈谈埃及人民怎样反对英国殖民主义，这个文化程度不高的工人根本不理解记者的意思，结结巴巴说不出话来。后来，这名记者换了个问题："埃及人对英国人怎么看？"这下子对方明白了，话匣子一打开便滔滔不绝地说起来，那位记者也获得了自己需要的材料。

（二）提问还要注意你所提的问题是否能让对方有话可答

有些人由于提问的方式过于笨拙，使对方无法回答。有一个不善于提问的记者，他采访美国某跳水运动员（母亲是上海人）时连续问："你的母亲是上海人吗？""你这次要去上海吗？""你准备在上海见你亲戚吧？"面对这些平淡无奇的问题，运动员只好一次一次地重复："Yes！"这不能怪运动员不健谈，而是对这种笨拙的问题只能回答到这样程度。如果记者换另一种方法问："你准备怎样把对你母亲的怀念带回美国呢？"情况就不大一样了。运动员不但可以介绍自己在中国的所见所闻，还有充分余地述说一下自己来中国的感受。

（三）提问要掌握时机

两个过去很要好的朋友都刚刚走上工作岗位，一个偶然的机会他们相遇了，互相询问："你们单位待遇怎样？你工资多高？谈恋爱了吗？"显得既亲热自然，又在情理当中。但是，如果一位姑娘经人介绍与一位从未见过面的小伙子在公园见面。俩人准时赴约了，沉默了一会儿，姑娘抬头问：

"你谈过恋爱吗？工作轻松吗？工资多少？"其结局就可想而知了。

（四）提问还应该注意措辞是否得当

例如，在会议上我们经常听到主持人这样提问："不知各位对此有何高见？"虽然从表面上看，这种问话很好听，但效果很不好。十有八九，与会者会半天不出声。高见？众目睽睽，谁敢肯定自己的见解就高人一等呢？就算是有高见，谁又好意思先开口呢？这说明了提问的措辞不佳。如果你问："各位有什么想法呢？"恐怕效果会好一些。又如，你到酒家或饭店点菜，切忌这样问："这鱼新鲜吗？"这种问法是很不艺术的。新鲜也罢，不新鲜也罢，对方肯定会说新鲜。结果，真要不新鲜，吃亏的恐怕还是你自己。如果你开始这样问："今天有什么好菜吗？"那就等于说，不管什么菜，只要好便行。这样问来，既表示你谦虚，又显得你大方，酒家或饭店的招待员自然会把最好的新鲜菜肴介绍给你。再如，妻子偶尔回家迟了一个小时，刚进家门，丈夫就气呼呼地责问："怎么晚了一个小时，到哪儿鬼混去了？"妻子反唇相讥："和情夫逛大街去啦！怎么着？"一场夫妻大战就迫在眉睫了。如果丈夫换一种措辞，换一种语调，殷勤地从妻子手中接过提包，面带笑容问道："累了吧，是不是……"妻子自然会把回家晚了的原因解释清楚。注意措辞，实际上是提问时努力营造一种亲切友好、轻松自然的气氛，有利于收到良好的提问效果。

只有注意了以上几点，把问题提好了，才能真正达到谈话的互通性目的。

第二章　说话前的六要素

克服人性中的弱点

在潜意识里拒绝与人交流或者害怕当众说话，并不是某一个人独自具有的心理，大多数人都是这样，只不过程度不同而已。除了训练班的成员，对大学生进行的调查也表明，80% ～ 90% 的学生都产生过不敢当众说话的恐惧感和与人交流的畏难情绪。

这好像是在说"恐惧交流"是人天生就具备的。的确如此，它是人与生俱来的一个弱点，并且和人的性格有很大的关系。心理学家认为性格是一个人的行为表现较为稳定的基本特征。性格具有稳定性，也就是说，一个人的性格在一定的教育和环境的影响之下形成后，是难以改变的，所以才会有"江山易改，本性难移"的说法。

有关专家曾对亚利桑那州的一对大学生孪生姐妹进行过观察研究。这对双胞胎姐妹外貌相似，先天遗传素质完全相同，家庭生活和所受教育的情况也相同。虽然这姐妹俩一直在同一个小学、中学和大学接受教育，然而在遗传、教育和环境如此相同的情况下，姐妹俩的性格却很不相同：姐姐善于说话与交际，自信主动，果断勇敢；而妹妹却相反，缺乏独立自主意识，说话办事总是随同姐姐。有关专家找她们交谈时，总是姐姐先回答，妹妹只是表示赞同，不爱说话，或稍做补充。总之，姐妹俩的性格完全不同。这是为什么呢？原来父母在她俩中认定一个是姐姐，另一个是妹妹，从小就要求姐姐照管妹妹，对妹妹负责，做妹妹的榜样，带头执行长辈委派的任务。这样一来，姐姐从小就形成了独立、自主、善交际、较果断的性格，而妹妹却养成了遵从姐姐的习惯。

这说明人的性格是长期受所接受的教育和环境的影响而形成的。但这并不适用于成年人，因为对于成年人来说，性格实际上是由心理状态决定的。也就是说，如果一个成年人能改变自己的心态，他就能改变自己的性格。

20世纪初，心理学家和哲学家断言：普通人只用了全部潜力的极小一部分，与我们应该成为的人相比，我们只苏醒了一半；我们的热情受到打击，我们的蓝图没有展开，我们只运用了我们头脑和身体资源中的极小一部分。这是什么原因造成的？其实就是人的恐惧心理。

其实，某种程度的恐惧感对人的交流是有益的，因为人类天生就具有一种应付环境中不寻常挑战的能力。当你注意到自己的脉搏和呼吸加快时，千万不要过于紧张，而要保持冷静。因为你的身体一向对外来的刺激保持着警觉，这种警觉表明它已准备采取行动，以应付环境的挑战。假使这种心理上的准备是在某种限度之下进行的，当事者会因此而想得更快、说得更流畅，并且一般来说，还会比在普通状况下说得更为精辟有力。

即使是职业演说者，也从来不会完全克服登台的恐惧，他们在开始演讲时也总是会或多或少地有些怯意，并且这种怯意在开头的几句话里就会表现出来；只不过他们能很快地克服这种怯意，进入镇静的状态。

有几点有必要重复一下：

你害怕当众说话、拒绝与人交流并不是特例；

某种程度的交流恐惧感反而有用，我们天生就有能力应付环境中不寻常的挑战；

许多职业演说家从来都没有完全祛除登台的恐惧感。

所以，你大可不必胆小地躲在自己给自己设定的框框里，你应该采取热诚主动的态度去与人交往。否则，恐惧将一发不可收，它不但会造成你心灵的滞塞、言辞的不畅、肌肉的过度痉挛而无法控制，还会严重降低你说话的效力。

明确并记住自己的目标

顾立区先生说，是卡耐基训练班使他说话不再感到恐惧，使他能够在3000人面前侃侃而谈，使他成了"这个世界上最快乐的人"——让说话成为一种快乐，这正是卡耐基训练班的目的。这个目的远较其他目的更为重要。顾立区先生之所以参加卡耐基训练班，之所以能够努力地做卡耐基训练班分派的功课，正是因为他已经预见到了说话的成功会给他带来乐趣。顾立区先生将自己投入未来的理想中，然后努力使自己梦想成真。

有一个卡耐基训练班的毕业生说："开始说话的时候，我宁愿挨鞭子也不愿开口；但是临结束时，我却宁愿挨枪子儿也不愿停下来了。"几乎每一个人都渴望获得进行成功交谈的能力，想要体验这种"不愿停下来"的美妙感觉。

钢铁大王卡内基死后，人们在他的遗物中发现了他32岁时所拟的计划。他当时准备退休后到牛津大学接受完全的教育，并"特别注意于公开演说的学习"。而西方有位哲人说过："世间只有令人喜悦的说话能力，可以使人很快地完成一种伟大的事业并获得世人的认识。"

许多来上口才训练班的学员，大都是因为在社交中感到胆怯和拘束，其中有政界要员、明星，也有普通人。他们以前多半是这样一种情形：当站起来说话的时候，他们会感到手足无措；需要在数量很多的人——即使是熟识的人——面前说话时，他们会连一句完整的话都说不出来。在这样的情形下，他们感觉自己好像不再是自己了，因为他们完全控制不了自己。

可是在完成训练班的课程之后，他们的改变连他们自己都刮目相看。他们发现，让自己说话再也不那么为难了。他们都觉得自己以前的害羞和拘束其实很幼稚、很可笑。当然，他们在训练过程中培养出来的那种自然洒脱的气度，也让他们的朋友、家人或顾客另眼相看。他们开始在建立自信心的同时，游刃有余地处理和他人的关系，从而影响到他们的整个人生。

另外，这种训练也会不同程度地影响到人的性格，即使不一定很快地显现出来。大卫·奥门博士是大西洋城的一位外科医生兼美国医药学会会长，卡耐基曾问他："就心理健康而言，接受当众演讲训练有什么好处？"他回答说："回答这个问题，最好是开一个处方；这个处方必须每个人自己给自己配药。如果他认为自己不行，那他就错了。"以下便是奥门博士给我们开的处方：

"努力培养一种能力，让别人能够走进你的脑海和心灵。试着面对单独的人，或在大众面前清晰地表达你的思想和理念。当你通过这种努力不断地获得进步时，你便会发现：你——你的真正自我——正在真正塑造一个崭新的形象，使你身边的人产生一种前所未有的惊讶。

"当你试着和别人说话时，你的自信心会随之增强，你的性格也会跟着变得越来越温和和美好，而这就表示你的情绪已经渐入佳境；随之，你的情绪会使你的身体好起来。这个世界的男女老少都需要讲话。即使我并不清楚在工商业社会中，讲话会带来别的什么利益，我也依然相信它有无穷的好处。不过，我的确了解它对于健康的益处。只要你一有机会，就对几个人或许多人说话——而你将越说越好；我自己就是这样。同时，你还会感到神清气爽，觉得自己完美无缺，这都是你以前所感受不到的。

"这是一种舒畅而美妙的感觉，没有任何药物能给你这种感觉。"

想象你自己正在成功地做着你目前所害怕做的事情，想象你已经能够在各种工作和社交场合侃侃而谈，你的观点被大家所接受，并给你带来了许多好处。这对实现你的目标大有好处。因此，时刻铭记自己的目标是十分重要的。

哈佛大学最杰出的心理学教授威廉·詹姆斯的话正好能解释这一点，他说："几乎不论哪种课程，只要你对它充满了热情，你就能够顺利完成；如果你对结果足够关心的话，你就能够实现它；如果你希望做好一件事，你就能够做好；如果你期望致富，你就能够致富；如果你想博学，你就会博学。只有那样，你才会真正地期盼这些事情，心无旁骛地一心期盼，而不会白费心思、胡思乱想许多不相干的杂事。"

"不要抱着投机的心态来学习，"沃特斯告诫我们说，"这种态度只会使我们一无所获。你应该首先给自己订立一个计划、确定一个目标，然后踏踏实实地为这个目标奋斗。当你把自己的精力和才能都用在这上面时，那么你离成功就不会很远了。而我所说的投机的学习态度，是指那种认为自己所学的东西在将来某个时候可能会带来好处而毫无方向的学习。"

集中你的全部精力、时刻不忘记自信和侃侃而谈的说话能力，对你而言是十分重要的。只要想想由此结交的朋友在社交方面对你的重要性，想想自己为大众、为社会服务的能力将大大增强，想想它对你的人生和事业将产生的深远的影响总而言之，想想它将为你在将来实现自己的价值铺平道路，你就能实现你的目标。

树立成功的信念

威廉·詹姆斯说过："如果你对结果足够关心的话，你就能够实现它。"在这里，你可以把它理解为一种必胜的信念。因为当你的目标对你的吸引力足够大时，你就会树立起一种必定成功的信念。

在任何时候，告诉自己：我一定要，而且能够成功。这样，你就能够成功。

当恺撒率领他的军队从高卢渡海而来，登陆现在的英格兰的时候，他是怎样取得胜利的呢？他把军队带到了多佛海峡的白岩石悬崖上，让士兵们望着位于自己脚底两百英尺（约60米）的海面上燃烧的船只。士兵们知道，他们与大陆的最后联系已经断绝，退却的工具已经被焚毁，唯一可做的事情就是前进、征服、胜利。恺撒和他的军队就这样成功了。

恺撒成功的秘诀在于他使他的士兵们知道，他们必须取得成功，没有退路。当你想战胜面对听众所产生的恐惧，以及克服提高自己的说话能力必然面对的困难时，为何不让自己拥有这种精神呢？把消极的思想全部扔到火里焚烧，并把身后通往犹豫退缩的大门紧紧关上，你就必将取得成功。

耶鲁大学的乔治·戴维森教授就是依靠这种强大的信念取得成功的。年轻时的乔治有一个梦想，他希望能够改变世界、服务全人类。为了达到这个理想，他需要接受最好的教育，而美国是他最理想的去处。

当时的乔治身无分文，要到1万千米外的美国去，简直就是天方夜谭。不过，他还是出发了。他徒步从他的家乡尼亚萨兰的村庄出发，穿过东非荒原到达开罗，在那儿他可以乘船抵达美国。他一心想的是到达那个可以帮助他改变自己命运的国家，其他的一切他都可以置之度外。

他一开始就遇到了极大的困难。在崎岖的非洲大陆上，他用了5天才艰难地跋涉了25英里（约40千米）。他的食物已经吃完，水也已经喝完，而且，他身无分文。他还需要继续前进几千英里。

回头吗？还是拿自己的生命赌一把？乔治知道，回头就是放弃，就是回到贫穷和无知。而他不想这样。他相信自己能够克服这些困难，到达自己的目的地。于是，他对自己说："继续前进，除非我死了。"

他继续孤独地前行。他常常席地而睡，以野果和其他植物维持自己的生命。旅途使他变得瘦弱不堪。由于极度的疲惫和近乎绝望的灰心，几次他都想放弃。但是每当这时，他就自己给自己鼓气。终于，他战胜了自己的怯懦，充满信心地继续前进。

经过种种磨难和痛苦，1950 年 10 月，乔治终于用两年的时间来到了美国，骄傲地跨进了斯卡济特峡谷学院的大门。

凭着对目标的专注和近乎神圣的成功的信念，乔治战胜了常人难以战胜的困难。还有什么比这件事情更加难以办到的呢？

在一次广播节目中，主持人要卡耐基用三句话来说明他学到的最重要的一课。卡耐基当时是这么说的："我所学到的最重要的一课，是我们的思想对我们非常重要。如果我能了解一个人的思想，我就能了解他这个人，因为正是思想造就了我们。而如果我们能够改变自己的思想，也就能改变自己的一生。"

在卡耐基训练班里有一个叫乔·哈弗斯第的学员。有一天，他站起来信心十足地对大家说，他不满足于做一名房屋建造商，他希望自己成为"全国房屋建筑协会"的发言人；他最想做的事是在全国各地奔走，把他在房屋建筑业中遇到的问题和获得的成就告诉人们。

难能可贵的是，他不但对理想有一种狂热的追求，而且真的说到做到。他想讲的，不仅仅有地方性的问题，还包括全国性的问题。对于这样的想法，他并没有三心二意，而是用心地准备自己的演讲，并且用心地进行练习。在上课期间，他从没有耽误一次课；即使再忙，他也仍然一丝不苟地按照训练班的要求去做。结果他的进步十分迅速，令大家都十分惊讶。两个月之后，他成了班上的佼佼者，被选为班长。

大约一年以后，乔·哈弗斯第的老师这样写道："我几乎已经忘记了来自俄亥俄州的乔·哈弗斯第了。一天早上，我正在吃早餐。当我不经意间打开《弗吉尼亚向导》的时候，书中醒目的位置上赫然有一幅乔的照片和一篇称赞他的报道。报道中说：前天晚上，他在一次地区建筑商的盛大聚会中发表了精彩无比的演讲。这时的乔已经不是'全国房屋建筑协会'的发言人了，简直就像是会长了。"

乔·哈弗斯第为什么能够成功呢？因为他有强烈的欲望，

保持了高度的热忱，具备了克服困难的坚强毅力；更加重要的是，他相信自己一定能够成功。

一个成功者不一定具有不同于一般人的本领和才智，但他坚信自己一定能够成功，并且，他会把全部精力用于追逐成功的行动当中。这样，成功的概率就会大大提高。

因为，人——无论是谁——本身都有无穷的潜在能力，但能否开发出来，往往取决于每个人自己的态度。如果你相信自己能够成功，那么你就必定能够成功。

积极的心理暗示

一个人上楼梯，分别以六层和十二层为目标，其疲劳状态出现的早晚是不一样的。我发现，如果把目标定在十二层，疲劳状态会出现得晚一些。因为当你爬到六层的时候，你的潜意识便会暗示自己：还有一半呢，现在可不能累啊！于是你就会继续鼓气往上爬。

也就是说，目标高低带来的自我暗示直接决定了我们行为能力的大小。进而我们可以得出这样的结论：意识不但会影响到你的心理状态，而且会直接影响到你的生理状态。这就是心理暗示的重要性。

自我暗示真的管用吗？是的。现代实验心理学家都同意这样一种观点：由自我暗示而产生的动机，即使是假装的，也会成为人们快速学习的最有力的诱因之一。因此，请对自己进行积极的自我暗示。

威廉·詹姆斯曾说过这样的话："人们通常认为行动总是跟随在感觉之后，但实际上，这两者是并存的关系。行动为人们的意志所制约。借着制约行动，意志可以间接地制约感觉，而感觉并不受意志的直接控制。

"因此，当我们不再感到快乐时，唯一的改变办法就是：愉快地睡觉、吃饭、谈话，尽量从行动上表现出你很快乐。如果这样都不能改善你的心情的话，那么就再没有别的办法了。

"让自己勇敢起来，即使只是从行动上表现出来，因为人们总是习惯于自我催眠。行动可以间接影响你的感觉，然后调动你所有的意志来达到这个目的。这样，勇气也就会取代恐惧了。"

这就是一种心理暗示。

接下来将举一个例子以证明这种心理暗示理论的正确性。这个人被视为勇气的象征。他也有过胆怯的时候，但他决心只依靠自己。于是，在不懈的努力之后，他终于成了受人敬仰的勇士。他就是反对托拉斯、以言论左右听众、手里挥舞着总统权杖的西奥多·罗斯福。

在他的自传里，他这样写道："我曾是一个体弱多病而且笨拙的孩子。年轻的时候，我常常处于一种紧张的状态中，对自己也没有信心，因此不得不艰苦地训练自己。这种训练并不只是身体上的，也包括灵魂和精神上的。"

一个这样的孩子，是怎么变成勇士的呢？他在自传里解释了让他得以转变的原因："我在马里埃的书中看到过一段话，印象极为深刻，并把它时时记在心里。这是一个小型英国军舰的舰长向主角解释如何才能顶天立地、无所畏惧地生活的一段话。他说，最初要行动的时候，每个人都会紧张、不安，重要的是，不应让这种恐惧感延续下去。你应该采取的方法是：控制自己，表面上装作若无其事的样子。这样持之以恒，假装的就会变为现实。他只不过是想练习坚强的意志，但这种练习让他变成了真正的勇者。

"这就是我训练自己的方法。一开始，从大灰熊到野马、猎枪，我什么都怕，可我尽量装出不怕的样子来，慢慢地，我不再恐惧。人们要是愿意，也可以像我一样。"

在第二次世界大战期间，有一个犹太人想要活着走出纳粹集中营。人们都说这是不可能的——丧心病狂的纳粹分子随时可能把他们成批地拉出去枪毙；另外，恶劣的生存环境让人们生病、相互传染以至相继死亡。总之，人们都已经失去了生存的信心。但是，这位犹太人暗暗地告诉自己说："某月某日，联军一定会来拯救我们的。在此之前，我一定要好好地活下去。"结果，在他预定的那个日子来临之前，他的同伴一个个死去，但是他却坚强地活了下来。然而，当他预定的那个日子来到以后，他却像他的同伴一样，急速地衰弱并且死亡了。

从上述事例我们可以看出，心理暗示确实能够给我们带来勇气。积极的心理暗示可以使我们克服恐惧、战胜困难，对我们做任何事情都十分有利。那些敢于接受这项挑战的人将发现自己正脱胎换骨，享受更丰富、更美好的人生。

说话当然也是如此。卡耐基训练班的一个学员说："最初，我很害怕和顾客说话，每次都是心惊胆战的。后来我告诉自己，其实顾客是很好说话的。几次之后，我不再害怕了，觉得自己有信心了，和顾客说话一点也不紧张了。现在，我甚至开始理直气壮地说出自己的不同意见。上训练班后的第一个月，我的销售业绩提高了将近一半。"

另一位家庭主妇学员也说："原来我不敢邀请邻居到我家里来做客，我怕自己不能跟他们融洽地谈话。上了卡耐基训练班之后，我觉得自己不再那么害怕了。最近我开了一次家庭宴会，非常成功，我往来于客人之间，尽情地与他们交谈。"

他们都成功地运用了心理暗示，从而克服了自己的恐惧。

拥有坚强的意志力

坚强的意志力要求我们在努力的过程中专心致志，拥有不达目的不罢休的韧劲以及克服困难的顽强精神。

如果我们想要成功，那么我们在做任何事情的时候都需要有坚强的意志力。英国政治活动家、小说家爱德华·立顿是一个成功者。他一生中走访了很多地方，所见甚广，也积极参与政界活动和各种社会事务。另外，他还出版了60本著作，而这些课题都是需要深入研究的。人们很奇怪整日忙碌的他竟然还有时间来做学问，于是问他：

"你在百忙之中居然还完成了那么多著述，难道你有可以同时完成这么多工作的分身术吗？"

爱德华当然没有分身术，他拥有的是坚强的意志力。他通常每天只花3个小时甚至更少的时间来研究、阅读和写作，但是他却充分地利用了这3个小时。在这些时间里，他全神贯注地投入他的学习和研究中，用心极为专一。正是这种坚强的意志力，使他只用了少量的时间就取得了巨大的成就。

在致力于提高自己口才的过程中，我们也需要像爱德华·立顿一样心无旁骛地进行训练。因为只有充分利用了自己有限的时间，专心致志地致力于提高自己的口才，才能最终取得成功。

在进行初始训练的时候，你不可避免地会遇到挫折、困难。这些困难会给你带来不同程度的创伤，会使你的信心动摇。在你遇到困难的时候，不用去想为什么会有这些问题，因为本来就有这些问题。要知道，世上没有任何东西可以代替毅力和决心。许多人有才能却失败了，就是因为缺少毅力和决心。我们要相信，最困难的时候，就是离成功不远的时候。成功的秘诀其实很简单，那就是无论何时，我们都不能允许自己有一点点的灰心。

前面举了乔·哈弗斯第成功的例子。乔·哈弗斯第成功的原因一方面在于他坚信自己能够成功；另一方面在于他有着坚强的意志力，在通往成功的道路上，他就是靠这个优秀的品质把困难赶跑的。

下面这个故事会证明这一点。这个故事的主人公叫作克劳伦斯·B. 蓝道尔，他后来登上了企业的最高层，成为商界的传奇人物。

蓝道尔先生在大学里第一次站起来说话时，像很多人一样，因为不善言辞而失败了。当时，老师规定每个人有 5 分钟的说话时间，但是他讲了不到一半就脸色发白，不得不十分困窘地走下讲台。

可是，他虽然有这样的经历，却并不甘心失败。他下定决心成为一个说话高手，并且一直坚持不懈地努力，最后终于成为政府的经济顾问，受到了世人的仰慕。他写过许多富有启迪的书。在其中一本叫作《自由的信念》的书里，他提到了他当众演讲的情形：

"我的演讲安排得十分紧凑，因为我要参加各种聚会，其中包括厂商协会、商务部、扶轮社基金筹募会、校友会以及其他团体举办的聚会。我曾经在密歇根州得艾斯肯那巴发表爱国演讲，慷慨激昂地投身于第一次世界大战；我还和米基·龙尼下乡进行慈善演讲，与哈佛大学校长詹姆斯·布朗特·柯南、芝加哥大学校长罗伯·M. 胡钦斯下乡进行教育宣传；我的法语很糟糕，但是我却用法语发表过一次餐后演讲。

"我认为我了解听众们想要听什么以及他们希望这些内容如何被讲出来。对于演讲的人来说，这里面的窍门就是：只要你愿意学，没有什么是学不会的。"

　　蓝道尔先生的故事告诉我们：成功的决心和信念，是决定你能不能成为一个说话高手的关键因素。

　　任何人，只要他希望迎接语言的挑战，希望自己能够简单明白地表达自己的观点并让别人了解自己的才华，就一定要具备坚毅的决心。

　　在那些成功地获得了说话技巧的人当中，只有极少数是真正的天才，大部分都是跟你我一样的普通人。但是，由于他们肯坚持，他们也同样获得了成功。至于较特殊的人，则有时会气馁，没有坚持下来，结果反倒庸庸碌碌。只要有胆量、有目标，走到路的尽头时，往往也就爬到了顶端。

　　这是合乎人性与自然的。在商业领域以及其他行业中，相似的事情随时都在发生。著名的石油大王洛克菲勒曾说：耐心与相信收获终将到来是商业成功的第一要诀。它也是说话能够成功的重要条件之一。坚定地相信自己会成功，你就会去做走向成功所必须做的一切，因而也必定能成功。

　　你要注意的是，坚强的意志力并不是一朝一夕就可以具有的，也并非生来就有或者是不可能改变的特性，它是一种能够培养和发展的技能。你在平时就应该培养自己坚强的意志力。

培养自信心

卡耐基和他的朋友曾来到阿尔卑斯山的维尔德·凯塞山面前，想要征服这座据说很危险的山。《贝德克旅行指南》上说，业余登山员应该有一个向导带路，因为攀登这座山峰很困难。他们俩都不是专业登山员，但是他们并没有请向导。后来，他们取得了成功。

在他们登山之前，一位朋友问他们是不是能够成功，卡耐基口气坚定地告诉他："一定能！"

"为什么这么肯定呢？"那位朋友继续问道。

卡耐基说："也有人像我们一样没有向导而取得了成功。而且，我做任何事情都不会想到失败的。"

在卡耐基的班上，有很多学员在学习完了之后坐在一起谈自己的心得。有相当多的人都认为他们所学到的最重要的东西是对自己的信心，也就是说，对自己成功多了一分信心。在某种程度上，没有什么比自信更加能够将一个人引向成功。

要自信，这是你做任何一件事情都必须有的正确心态。不论是攀登珠穆朗玛峰，还是和别人说话，自信都是你成功的基本前提。

所以，在你开始说话之前，首先树立你的自信心。

（一）针对不足进行训练

如果的确存在一些不足，你可以进行针对性的训练，克服这些困难和不足，从而树立自信。名列古希腊"十大演讲家"之首的德摩悉尼从小就有口吃的毛病，而且他在说话的时候总是一个肩膀高一个肩膀低，还不停地抖动。在那样一个崇尚口才的时代，这样的人理所当然地会受到歧视。他十分苦恼，并且有很深的自卑感。

不过，他并没有被自卑打倒，而是以超常的毅力和吃苦精神进行刻苦的训练。每天清晨他都站在海边，口里含着石子进行练习；针对爱抖动的毛病，他对着镜子练习，并且在两个肩膀上挂两把剑，这样就不会抖动了。经过刻苦的训练，正如我们所知道的那样，他最终成了一个十分出色的、受人尊敬的演讲家。

（二）充分准备，树立信心

一个人说话成功的程度，跟说话之前所做的准备有很大关系。林肯说："即使是再有实力的人，如果没有精心的准备，也无法说出有系统、高水平的话来。"所以，你需要在说话之前广泛地收集素材，并对你的主题进行深入细致的思考。当你确认自己准备充分之后，不妨设想自己正在以完全的控制力对他人说话。这是你很容易就能做到的。只有相信自己能够成功，并且坚定不移地相信自己，你才会成功。

（三）进行积极的自我暗示

真正的困难不在上面所提到的两点。我们绝大多数人都不像德摩悉尼那么不幸，并没有口吃的毛病，也没有其他的先天不足。

从心理学上说，自卑或者羞怯感总是会不同程度地在我们身上存在着。美国的一个调查表明：在宴会上与陌生人接触时，大约有 3/4 的人会感到局促不安；同样，由于羞怯或者自卑感造成的演讲或其他说话失败的例子更是屡见不鲜。可以看出，一个人没有自信，并不是因为他自己真的天生不如人，而是他自以为如此。因此，只有完全克服这种感觉，你才能正常甚至超常发挥。

你所有的准备，都是为了说话的那几分钟。不管你准备得如何，在一般情况下，说话的时候都可能会有不自信的感觉袭来。产生它的原因，可能是你担心自己还没有完全准备好——实际上你已经准备得相当充分了，但是你认为自己可能疏漏了什么；也有可能是因为你担心听众比你的水平高，而你所讲的东西对他们来说过于简单；或者你担心可能会出现什么突发事件，比如在你的说话过程中有人打断你；等等。这些想法最致命的危害就是给你消极的自我暗示。你必须想办法把它们从你的心里赶出去。

有位英国青年律师要和一群知名的律师在法庭上辩论。他做了充分的准备，但是仍然感到不放心，担心自己会把辩论搞砸。于是，他去请教法拉第先生。他问法拉第："我的对手比我知道的多得多，我必败无疑吗？"

法拉第先生简单明白地告诉他说："如果你想成功，告诉自己，他们一无所知！"

当你说话的时候，看着对方的眼睛，然后信心十足地说话，就好像他欠了你的钱，而他听你说话，只是为了请求你宽限还债的期限一样。这种心理暗示作用，对你树立自信也有很大的帮助。

第三章 把握分寸更应景

根据对方情况决定说话策略

讲话的目的，是要表达自己的观点给别人听。那么，能否达到这个目的，最终的决定因素还是听众。因此，我们在说话时，要尽量使用适合对方的表达方式，即根据对方决定我们的说话策略。

遗憾的是，我们没有一种放之四海而皆准的说话艺术来使你轻易地掌握说话技巧。在说话之前，你有必要对下列问题仔细地进行考虑：你要对谁讲、将要讲什么、为什么要讲这些内容以及怎么讲等。

同样的一种说话策略，对不同的人为什么不一定都适合呢？这是因为人的心理素质、性格、受教育程度、成长环境等都不相同。比如，可以对害羞的 A 小姐进行鼓励，以建立她的自信，从而使她能够站起来当众说话；对好辩的 B 先生则进行容忍训练，让他给别人说话的机会，使得他不会因为自己的冲动而失去顾客。之所以采取不同的策略，就是因为 A 小姐和 B 先生的性格不相同。

不同的人接受他人意见的方式和敏感度是不一样的。一般来说，文化水平较高的人不屑于听肤浅、通俗的话，对他们应该多用抽象的推理；文化层次较低的人则正好相反，他们听不懂高深的理论，对他们应该多举明显的例子。对于那些刚愎自用的人，不必循循善诱，你可以用激将法；而对于喜欢夸张的人，不必表里如一，可以进行诱导；对于生性沉默内敛的人，不妨循循善诱、语重心长；而对于脾气暴躁的人，用语要简明快捷；对于思想顽固的人，要看准他感兴趣的东西，然后通过这些兴趣点改变其思想，如此等等。只有知己知彼，你才能取得说话的最好效果。

罗素·康维尔前后发表过以"发现自我"为题的著名演说近6000次。你或许会感到不可思议，或许认为重复这么多次的演讲，其内容应该已经根深蒂固地刻在演讲者的脑海中了，所以每次演讲时连字句音调都不会做任何改变了。

但事实并非如此。康维尔博士知道，听众的知识水平与背景各不相同，只有让听众感到他的演讲是有针对性的、活生生的东西，是特意为他们准备的，这个演讲才会引起他们的兴趣。他是怎么做到这一点的呢？他是怎么在一场又一场的演讲中成功地维系着自己和听众之间轻松愉快的关系的呢？请看他自己的回忆：

"在到了某一个城市或镇上准备发表演讲之前，我总是先去拜访当地的经理、学校校长、牧师等有知识或有名望的人，然后走进商店同那里的人们谈话，这样我就可以了解他们的历史和他们个人的发展机遇。之后，我才发表演讲，并在演讲中和他们谈论他们感兴趣的话题。"

康维尔博士非常清楚地知道，成功的沟通必须依靠演讲者使他成为听众的一部分，同时也使听众成为演讲的一部分。

尽管这篇重复了近 6000 次的演讲成为人们最欢迎的演讲，但我们却找不到演说词的副本。由于康维尔博士的睿智和勤奋，所以虽然这一相同的主题他已经给数不清的人们讲过，但同样的演讲不会说两次，因为他面对的是不同的人。

有一条船航行至海上时，突然发生了意外。船长命令大副去叫乘客弃船。大副去了半天，结果却悻悻而回。他说："他们都不愿意弃船，对不起，我实在没办法了。"

船长只好亲自到甲板上去。不一会儿，他便微笑着回来了，然后对大副说："他们都跳下去了，我们也走吧！"

大副很惊讶，于是问船长是怎么做到的。船长说："我首先对那个英国人说：'作为绅士，你应该做出表率。'他就跳下去了。接着，我对法国人说：'那种样子是很浪漫而且潇洒的。'于是他也跳了下去。然后，我板着脸对德国人说：'这是命令，你必须跳下去。'于是德国人也跳了下去。我对伊拉克人说：'这是将军和真主的旨意。'他马上起身，还没穿救生衣就跳了下去。"

大副听了十分佩服，说道："太妙了，船长，那么美国人呢？"

船长回答："我说：'您是被保了险的，先生。'那人夹着皮包跳下水去了。"

这虽然可能不是一件真实的事却说明了一个道理——你也许已经有所感悟——即我们在说话时，应该时时记着特定的听众。而在说话之前，我们应该知道这些听众是什么样的听众。

什么场合说什么话

你可能会遇到这样的情形——一个人拍拍你的肩膀，然后说："请给大家说两句。"而这个时候，你多半正在津津有味地倾听别人精彩的谈话，或者正在考虑明天怎么样向你的顾客推销商品。但是你发现，人们的目光很快地转移到你的身上来了。而你大概还没弄清楚是怎么回事，大家就一致欢迎你讲话了。你可能会觉得比较尴尬，因为你根本没有打算站起来说话。

在这样的时候，最好的办法是：你先随便说上几句无关紧要的话，争取一个喘息的机会；然后开始讲适合这个场合的、与对方关系密切的话题。因为对方永远只对自己和自己正在做的事情感兴趣，所以，你可以就地取材，从对方或当时的场合抓取你说话的话题。当然，这个话题你必须熟悉。

讲话最根本的两点其实就是"说什么"和"怎么说"。"说什么"就是你说话的内容，针对不同的场合，你的说话主题应该有不同的变化；"怎么说"就是怎么把这些话表达出来，针对不同的场合，你需要采取有针对性的说话技巧。交际场合经常会出现这样的一种情况：有的人侃侃而谈、口若悬河；有的人却呆坐半天、一声不响，即使有时候想说话，也会因为找不到合适的话题和方法而无从谈起。

不管是即兴说话，还是准备充分的说话，你都必须设法针对特定的场合。你必须关心的有两点，即当时的人和当时的场合。你可以谈论跟对方有关的话题，说说他们是谁、正在做什么，特别是他们为社会和人类做了什么贡献等。

而关于场合的问题，确实十分复杂。你可以讲这次聚会的缘由，比如它是周年纪念日，还是表扬大会，或是年度聚会，或者是政治性或商业聚会。由于前来参加聚会的人与聚会主题都有一定的联系，因此，如果你就此发表你的谈话，你当然能够吸引对方的注意力。

最成功的讲话，都是对对方和场合的真实的感想，并且做到了因地制宜。尽管这种说话是针对一定的场合的，它们就像昙花一现一样，一般都只在特殊的场合、特殊的时刻展现，但是人们的愉悦却远不止于此。在你还没有想到之前，他们已经把你当作说话高手了。你在说话的时候总是会以一定的社会角色——可能是一个医药学专家，也可能是一个律师——出现在人们面前，所以当你出现的时候，人们总是容易把你的社会角色和你联系起来。

中国的语言十分有特色。有一次，某地举行修辞学年会。会长在开场的时候这么说："先让我这老猴耍一耍，然后你们中猴、小猴接着耍。我老猴肯定耍不过你们中猴、小猴，但是总是要开个头的。"代表们听了都觉得很有意思，都笑着鼓掌，大家的情绪都被带动起来了。会长是与会者中的权威，又年近古稀，他把自己比作老猴，把其他与会者比作中猴、小猴，不但形象地描述出了老、中、青三代学者共聚一堂，而且显得非常幽默。并且，在修辞学的研讨会上，会长故意用这种修辞表示自谦，与主体身份、客观对象以及具体场合都十分协调，因而取得了非常好的效果。但是，假如一个中年学者说"我是中猴，先让我来耍一耍，然后你们老猴、小猴接着耍"，即使他是会长，他这么说也很不得体。这会使听的人产生反感，而且把年纪大的学者比作老猴是不尊重他们的表现，因为按照他的身份是不能这样打比方的。所以，我们一定要把握好当时场合下自己的身份是什么，之后再开口说话。

　　我们在不同场合说话，还必须符合当时的语境，也就是说，我们所选择的材料、语言内容、表达方法和说话结构都要切合特定的场合，符合特定的时间、地点和人物等因素。

　　如果参加一个喜礼，人们会期望我们在仪式中说："这个孩子真漂亮。"但是如果你说："这孩子我可不大喜欢，他长得太奇怪了。"你就会引来无数责备的眼光。在婚礼上，我们应该祝福新婚夫妇幸福、白头偕老，而且不要忘记称赞新娘很漂亮。

　　如果你在非洲东部的农村，遇到了一个非常熟悉的人却只是简单地说了一声"你好"，你可能会被认为很无礼，而且你也无法跟他们处好关系；你应该停下来，耐心细致地询问对方的家庭、家畜和健康状况。有些地方，在婚礼上对新婚夫妇说希望他们会有很多儿子是适合的；但是在美国，如果你还这么说的话，就会被认为是十分突兀和无礼的。

　　但是，很多人偏偏做不到这一点。水管工人可能会告诉你，你家的厕所需要一个新的套筒垫圈，而通常不会告诉你这是个什么东西——这会使你很茫然——因为他根本没有意识到他面对的是一个对水管修理一窍不通的人。显然，对他而言，这是一次失败的沟通。他应该告诉你套筒垫圈是什么东西，应该买多大的，最好还告诉你到哪里去买最实惠。

一位在夏威夷悠闲度假的文艺家接受了电视节目的采访。女记者这么问他："您这些天感觉好吗？"她本来可能是想问"您是否每天都如此悠闲地享受生活"，殊不知，她问的那句话是在询问别人的身体时才用的。结果，那位文艺家也只好平静地回答："是的，托你的福。"

而如果你在董事会上大大咧咧的，像平时对待同事一样，一点儿都不注意说话策略的话，你很有可能会给他人留下不好的印象，从而面临失业的危险。

说话要注意方法

一次，一位政府高级官员把美国参议院调查委员会的委员们搞得坐立不安、如坠雾里。这位官员不停地比画，却含混不清、毫无重点，根本没有把他的意思表达清楚。结果委员们的困惑也逐渐增加。

后来，一位来自北卡罗来纳州的参议员小萨姆尔·詹姆士·阿尔文抓住机会，打了一个精彩的比方。他说："这位官员让我想起了我认识的一个男人。这个男人通知律师，他将与老婆离婚。不过他却向律师承认，他的老婆很漂亮，饭菜做得好吃，是个贤妻良母。

"律师问他：'既然她这么好，你为什么还要离婚呢？'

"'她总是在我的耳边说个不停，让我受不了。'这个男人说。

"'她都说了些什么呢？'律师问。

"'我最讨厌的正是她这一点，'男人回答，'她从来就没有把话说清楚过。'"

这个高级官员正是这样的。遗憾的是，很多说话的人都是这样，大家根本不知道他们在说些什么，他们也从来没有说清楚，从未把自己的意思讲明白过。

"任何题材，说得好还是不好，完全取决于讲那件事的人怎样去讲，而不在于所讲的是什么。"这句话出自英国著名政治家昆特莱，一度流传甚广。

说话真的有这么难吗？不是的，只是我们需要掌握一定的方法而已。罗德威·威根斯坦说："凡是可以想到的事情，都是可以清楚地思考的；凡是可以说出来的东西，都是可以清楚地表达的。"

如果你想要把自己的意思表达清楚，让对方毫不困难地了解你，你可以学着使用下面的方法：

（一）限定你的要点

我曾经听过一个人在 3 分钟之内谈了 11 个要点。这就是说，他用平均 16.5 秒来说明一个要点。我想，即使他是一个天才，也做不到这一点。果然如我所料，他说得的确很失败。他就像一个导游带着一群游客，想要在一天之内匆匆地看完伦敦所有的风光——这是有可能的，但是，这样的游览有什么意义呢？看完之后，人们根本记不得自己看到了什么。他也是这样，说话时像一只羚羊飞快地从这一点跳到另外一点，弄得对方最终什么印象也没有。

有时，一些经验丰富的说话高手也会犯这样低级的错误。不过，由于他们具备多方面的才华，所以错误并没有一般人那么严重。但是你千万不要向他们学习，你应该紧扣你的主题。把你的主要观点讲好之后，对方也会被你深深吸引住的。

（二）逻辑顺序要清晰

所有的说话内容都可以用一定的时间和空间顺序或者事物的内在逻辑顺序进行组织。像时间，我们既可以按照"过去、现在、未来"的顺序来组织、展开说话内容，也可以采取完全相反的顺序。而在空间顺序的说话方式上，则可以某一点为出发点，然后向外拓展；当然，也可以按照方位的顺序来处理。另外，还有一些题材，其本身就有自己的内在逻辑顺序，你只要依照它去说就行了。

（三）逐条说明重点

在你说话的过程中，要明白地表达你的重点，并且告诉别人，你将怎样讲、接下来会讲什么，这样的话对方会很容易对你的说话有一个条理清晰的好印象。你可以这么说："我要讲的第一点是"，接下来谈论你的第二点、第三点，这样就显得简单而清晰。当然，你也可以使用其他的关联词语。

（四）让对方熟悉你的题材

这个问题我们之前已经谈论过了，那就是慎用专业术语，用人们熟悉的语言和题材来跟他们说话。

（五）借助工具

你可以借助工具来说明你的问题。它可以是一些你讲述到的东西，也可以是图片资料或者幻灯片。在这个科学技术日益发达的社会里，这些东西往往使人们觉得比较亲切，它们更能吸引人们的注意力，更能激发人们的兴趣，而且可以更清楚地表达我们的观点和思想。

别光顾自己说

这个题目的意思是：我们在讲话的时候，必须顾及听话的人。

有很多人有这样的毛病：他们一开始讲话，就以为自己是这个世界的主宰了，从不考虑对方的反应和感受；他们不知道根据对方的感受来调整自己的讲话策略。

许多人在说话时只谈论自己感兴趣的事情，而对方对这些事情却感到无聊至极，他们不知道应该根据对方的兴趣来改变话题。

也有这么一些人，他们在讲话的时候，完全依靠自己的思考方式来表达，就好像是在自言自语一样。

为了解决上面的问题，你必须和听众进行沟通，而不是自己说自己的。你可以依照以下的方法来做到这一点：

（一）谈论对方感兴趣的东西

对方之所以会对你的说话感兴趣，是因为你的谈话内容和他们有关系、与他们的兴趣有关系，或者与他们的问题有关系。正是这种与对方相关联的内在联系，才使讲话者能够抓住听话者的注意力，从而保证听和说之间的沟通顺利进行。而这种沟通，正是你说话成功与否的重要评断因素。

注意，我在这里说的不仅是你整个说话的主题，而且包括你说的每一个字句，你必须保证它们是与对方有关的。艾黎克·琼斯顿是美国前商会会长，他时刻注意到要针对说话对象的兴趣讲话。他的每一次演讲都不会让听众觉得他是在念油印出来的一份拷贝文件，而像是特意为他们准备的。演讲者根据听众所关心的事情和兴趣来演讲，听众绝对会更加注意。

如果面对听众时你从不顾及听众心中以自我为中心的天然倾向，你就会发现自己面对的是一群烦躁不安的人。他们会表现出对你的演讲很不耐烦，会不时地看时间，并且渴望离开。为避免这样一种情况，你应该随时注意你所说的是不是听众所感兴趣的。如果不是，就请换点他们感兴趣的东西。

（二）让对方进入场景

如果你确实很想和对方沟通，你就必须了解他们，并且让他们知道这一点。

一位交流学家给一家废物处理公司的执行董事们做了一次培训。在培训之前，他特意在一辆垃圾车上工作了三天。他一开始就告诉他们，自己已经拖运了三天的垃圾。"他们完全被我吸引住了，"这位交流学家回忆道，"我的观点很好地被接受了。"显然，这是因为他和对方很好地联系在了一起，因为他了解到了他们的感受。

（三）强调优点

要确保对方清楚他们可以从你的说话中得到需要的东西。因此，你需要在讲话的开始就强调对方所能获得的好处，并且要不断地强调。

一位说话高手会在他讲话的时候，一开始就提出一个对方可能会问自己的问题，然后告诉对方可以从他的讲话中找到答案。这是个非常好的技巧。

（四）让对方也说话

当你在说话的时候，可能对方也有要说的东西。这个时候，你必须给他这样的机会。这么做的最大好处是，如果你想说服一个人，最好的办法莫过于借助于他自己的嘴巴。

说的话要引人入胜

一般而言，人的注意力很不容易集中，除非你的谈话有足够的吸引力。当你以单调低沉的语气在某一个主题上平淡而谈时，对方容易感到乏味，从而导致注意力不集中。

在一次不甚精彩的演讲中，听众中间有一个人站起来离开了。他的妻子站起来对大家解释说："请原谅我的先生，他有梦游的毛病。"连演讲的人都笑了。

如果你不想在你讲话的时候出现这样的情况，你就必须学会抓住对方的注意力。如果发现对方根本没有注意到你在讲什么，你就必须改变你的话题（当然，是暂时的），或者改变你讲话的方式。

　　林肯是能够抓住对方注意力的，他非常清楚怎么样才能做到这一点。在做律师的时候，一天，一位老态龙钟的妇人找到他，哭诉自己被欺侮的事。这位老妇人是独立战争时一位烈士的遗孀，每月靠抚恤金维持生计。不久前，出纳员居然要她交一笔手续费再领取抚恤金，而这笔手续费差不多相当于抚恤金的一半，这分明就是勒索。

　　老妇在林肯的帮助下把出纳员告上了法庭，但是被告在法庭上矢口否认他向这位老妇人要过手续费的事情。由于这个狡猾的出纳员是口头对老妇人进行勒索的，在没有凭据的情况下，形势显然对老妇人不利。

　　轮到林肯发言的时候，无数双眼睛盯着他，想看他有没有办法扭转乾坤。

　　林肯用自己抑扬顿挫的声音开始了辩护。他首先把听众引入对美国独立战争的回忆。林肯两眼闪着泪光，述说爱国志士是怎么忍饥挨冻地在冰天雪地里战斗，为浇灌"自由之树"而洒尽最后一滴鲜血的。最后，他以巧妙的设问，得出令人怦然心动的结论：

　　"现在历史已经成为遗迹。1776 年的英雄们，早已经长眠于九泉之下。可是他们那衰老而可怜的遗孀还在我们面前，要求替她申诉。不用说，这位老妇人以前也是位美丽的女子，也曾经有过幸福美好的家庭生活。不过，战争和岁月使她失去了这一切。她变得贫穷无依，不得不向享受着革命先烈用鲜血和生命争取来的自由的我们请求援助和保护。试问，我们能熟视无睹吗？"

发言戛然而止。人们被感动了，他们中有的捶胸顿足，扑过去要揍被告；有的眼圈泛红，流下了同情的眼泪；还有的当场解囊相助。在人们的一致要求下，法庭通过了保证烈士遗孀不受勒索的判决。

光是善良，并不一定能使林肯赢得这场官司。但是林肯巧妙地把人们——包括法官——的思维引到有利于他的一面，从而赢得了这场官司。

这就是引人入胜的好处——它能使对方被你的话吸引，从而被你说服。你必须使自己的讲话带有感情，这样才能吸引对方。

一位政治家跟一群农民闲谈关于政治的话题。他发现当自己讲了一大段话之后，农民们还是心不在焉，没有认真听他说的是什么。于是他给他们讲了一个幽默故事：

"三个年轻人救起一个不慎落水的政客。为了报答他们，政客说可以尽量帮他们实现愿望。第一个年轻人说：'我希望进入西点军校，但是我的成绩不理想。'政客回答说：'没问题，你能进了。'第二个年轻人说：'我申请进入安娜波利大学，但是遭到了拒绝。'政客回答说：'不用担心，你可以进去了。'第三个年轻人说：'我希望被埋在阿灵顿国家公墓。'政客很吃惊，问他：'公墓？为什么？'那个年轻人回答道：'如果我父亲知道我救了你，我会被他杀掉的！'"

农民们大笑起来。政治家接着说："看来，一般人对政治家很有偏见，可那是因为对政治不够了解。"农民们很快就认真地听政治家讲话了。

这位政治家说了一个幽默故事以吸引对方来听他讲话，他的方法十分巧妙。幽默可以营造气氛、松弛紧张情绪，并建立你和对方之间的友好关系。如果办得到的话，在你的谈话中插入适当的幽默故事，会使对方对你的谈话更加感兴趣。

一般而言，我们在做到引人入胜这一点上，需要注意以下一些问题：

（一）风格

你必须具有自己的风格，这样才能展示属于你的东西。

比如，大多数人喜欢讲话者风格明快，也不排除有人喜欢晦暗的讲话。但是，如果可能的话，尽量使自己的讲话属于明快型的。

（二）声音

人们听到的是你的声音，而不是其他的东西。如果你的声音很动听，而且自己也把握好了怎么去说每一个词句，你必定能吸引更多的注意力。

说话时要注意你的语气，不要太轻，也不要太重。

（三）思路

你需要表达得更有条理，这就是你的思路。在讲话的时候，你要想清楚自己要讲什么、怎么讲、讲到什么程度，你应该把话说得清楚、果断而且有条理。

当然，以上所说的这些并不是吸引对方注意力的全部方法。我们在实际的讲话过程中，需要自己去积累、总结这样的方法，然后用到讲话中去。

与异性交谈要大大方方

你可能一辈子都不跟一个日本人签订合同，也可能一辈子不跟一个意大利人谈生意，却必须经常跟异性打交道。事实上，最能体现你的交往艺术的就是游刃有余地和异性交谈。

有这样一件事情：一位未婚女子被一位男士邀去一起吃饭。这位女性在餐桌上十分担心自己会给对方留下不好的印象，为了表明自己的优秀，她很自然地搬出在大学里所学到的那些渊博的知识来跟男士谈论。结果，她以后就是单独一个人用餐了，很少有男士再邀请她吃饭。

也有与此相反的另外一件事：一个没有进过高等学府的女服务员被一位男士邀请吃饭。她热情地注视着她的男伴，在听完这位男士的谈话后，带着仰慕的神情说：

"真的，我太喜欢你刚才所说的了。你再说一些关于你自己的事情吧！"结果这位男士告诉别人说："她虽然不是十分漂亮，却是我遇到过的最会说话的女人了。"

知道如何与异性进行交谈，确实是十分重要的。有些人一跟异性交谈就心跳加快，从而出现交流困难；还有些人根本说不上话，即使说出了话也含糊不清、意思不明。这些都是对异性交谈感到恐惧产生的结果。

真正成功的说话者，不论面对的对象是谁，都能够侃侃而谈，并逻辑清晰、表达明确。

开始交谈的唯一办法是开口说话。不妨假定对方也跟你一样，希望并喜欢和别人交往。只有当两个人都对对方真正表示出兴趣时，人们所需要的那种兴奋才会出现。比如你们都想要同样的东西，可能你们也都害怕类似的东西，如困窘、遭拒绝或被迫干某种你们不喜欢干的事情等。

为了使交谈顺利开始，可以说些无关紧要的话，但要紧的是你的话必须引起对方的兴趣。有个女人在火车上坐在一个迷人的男人旁边，她十分想跟他谈谈话。她想了很久，终于想到了一个话题。原来，她正乘车去一个新的城市，准备谋一份新的工作，并且想到了自己与人交往总是困难重重。于是她对那个男人说：

"我要搬到一个谁都不认识我的城市去。我想我最好先考虑一下如何跟你相识。你好，我叫吉尔。"

眼睛正瞅着窗外的男人不由地笑道：

"我十分乐意跟你认识，并且想和你说说话。不知道你注意到没有，我现在确实很无聊。"

当你和异性交谈的时候，应该大方一点，而不应该扭捏。如果你是一个男人，在任何场合你都应该主动向女性打招呼，这对女性是一种必要的礼貌。女性天生比较害羞、含蓄，而男性则显得外向和主动。你应该积极、主动、热情地和女士讲话，把你的绅士风度拿出来。你可以尽量显得你很有学问、很有主见，同时也不乏幽默和对对方的关心。而如果你是一个女人，你就应该积极鼓励对方说话，同时也体现出你的温柔、礼貌和涵养。

了解两性之间的一些不同，对你和异性交谈可能会很有好处。

一般而言，男人自信、坦率，更善于解决问题；而女人敏感、善于表达感情，更会克制自己的冲动。据说一个男人平均每天说 1.5 万个单词，而一个女人平均说 3 万个单词。这可能有一定的道理，但是你千万不要以为，在任何场合女性都比男性爱说话。据男女交往专家研究：男性在正式场合，比如会议或演讲时，说话会多于女性，部分原因是女性在这些场合往往等着别人"让她发言"，而男性却经常主动发言；女性在私人场合，比如就餐或居家时，比男性要健谈。

两性之间交谈的另一个差别是：男性通常谈论非个人方面的事情，而女性却正好相反。男性可能会对《泰晤士报》上某篇有关高校学生行为的文章感兴趣，而女性则更喜欢跟你讨论送什么礼物给她的侄子。

两性之间交流还有一个不同点是：男性在表达的时候一般比较直截了当，女性却更多地使用暗示方法。如果有人说："我希望在会议上能得到足够的帮助。"女性容易将其解读为求助的信号，而男性却不会这么认为。

很多男人谈话都以必要性为前提，如果他们觉得某件事没有必要知道，他们就不会去谈论它。

当你在述说某一件事的时候，你的男同事可能总是沉默不语，即使你又重复了一遍，结果也可能不会有什么大的变化。实际上，你所说的他都听到了，只是他觉得没什么好说的。当然，他也许也会说一些话，以此来表示他听到你说的话了，如"对的""真有意思"之类。男性更容易理解这种沉默的反应；而女性则对此表示难以理解，虽然她们自己喜欢沉默，但是对男性的沉默却认为是在反对对方说的话。她们在听到一件事情后，总喜欢讨论事情的各个方面。

男士们应该赞美女人面部的修饰和她们漂亮的穿着，可是他们往往忘记了这一点。实际上，她们对这个十分在乎。

第四章　瞬间打动人心的说话风格训练

声音：一开口就与众不同

声音是你讲话内容的载体。你的声音反映出你的感觉、你的心情和现在的状态，是你说话中强有力的、必不可少的工具。当我们与听众交流思想的时候，要使用许多发音组织和身体的各个部分。我们会做出这样的动作：耸肩、挥动手臂、皱眉、增大音量、改变高低调门和音调，并且依据场合与题材变换语速，以发出不同的声音来。

需要注意的是，这里所强调的是声音的效果而不是声音的原因，即物理品质。那些东西已经无法改变，而声音的效果则受到说话者的情绪、状态的影响，这就是强调说话者必须热情的原因之一。因此，你需要一开口就与众不同。

遗憾的是，随着年龄的增长，我们中的大多数人都会失去幼时的纯真和自然，在不知不觉中落入一定的、为我们所习惯的沟通模式中去。这使得我们的说话越来越没有生气，我们也越来越不会使用手势，并且不再抑扬顿挫地提高或放低声音。总之，我们正在逐渐失去我们真正交谈时的那种鲜活和自然。

我们也许已经养成了说话太快或太慢的习惯。同时，我们的用词一不小心就会非常散乱。一再强调你在说话的时候要自然，也许你会误以为可以胡乱地遣词造句，或以单调无聊的方式表达——只要你做到了自然。其实不然。要求大家讲话自然，是要你把自己的意念完整地用词语表达出来。从另一个角度来说，说话高手绝不会认为自己无法再增加词汇，无法再运用想象和措辞，无法变化表达的形式和增强表达的效果。这些都是追求精益求精的人们所乐于去做的。

那么，如果你也想塑造自己的讲话风格，你最好注意一下自己的音量及音调的变化和说话速度。你可以把你说的话录下来，也可以请朋友给你指出来，当然，如果能让专家来给你指导的话则会更好。不过，这些都是没有说话对象的练习，跟实际说话完全不同。一旦站在人们面前，你就要将自己的全部精力投入讲话之中，以引起对方的共鸣。

选择什么样的说话声音，完全取决于你的个性、场合以及你所要表达的感情。在一般情况下，你的发音要做到清脆而洪亮。说话清晰，才显得有自信心、目的性明确和善于表达，这会给对方泰然自若的感觉。在公众场合，如果别人的谈话正处在争论不休的阶段，你站起来说一句话，语句简短、声音洪亮，则会产生震撼人心的作用。

讲话时你的声音能够让大家都听到吗？我指的是你的声音足够大而且清晰。你所处的场合也许是两三个人的促膝而谈，在这种谈话中你可能比较容易做到这一点。事实上，这时你如果音量过大的话，反而会使人以为你在跟人争吵。但是，如果你面对的是成百上千个听众，比如站在广场上发表演讲时，你则应该尽量让更多的人听到。因为如果他们没有听到的话，他们就会忽略你所说的内容，而不是提醒你大声讲或者重新讲述。因此，你要根据情况的不同调整你的音量。

当你需要强调某一个重点的时候，你可以适当地提高音量。在某个重要的地方提高音量，可以引起大家的注意。当然，有时候适当地降低音量也能使你达到这个目的。在任何情况下，音量的变化都可以使你突出重点。

这里有一个运用重音的例子。

一天，林肯正低着头擦靴子，有位外国外交官看见了，嘲讽林肯说：

"总统先生，你经常给自己擦靴子吗？"

"是的，"林肯答道，"你经常给谁擦靴子？"

林肯的这句话巧妙地转移了对方的重音，使自己脱离了被嘲讽的境地，并置对方于尴尬的处境。

另外，你需要使你的声音有变化。变音涉及音高程度。如果你一直采用高音来说话，有谁愿意听这样尖锐的声音呢？而且，当你普遍地使用高音的时候，你的声音会显得过于单调。因此，你必须在音高上有所变化，这样能够使你的声音悦耳而且更有活力。与调节音量一样，当你要阐明某个观点时，变音也会使你更加积极地传达信息。你可以采取略高或略低的声音来表示你对某个观点的重视程度。

我们平时与人交谈时，声音会高低起伏不断变化，就像大海不断起伏一样。为什么会这样呢？没有人知道，也没有人关心这个问题。但是，这种方式显然能使人感到愉快，而且它也是一种很自然的方式。然而，当我们开始某种正式的讲话时，我们的声音却变得枯燥、平淡而单调，就像一片沙漠一样。当你发现自己出现以上的状况时，就要停下来反省了。

一般来说，你需要使你的声音避免出现以下这些情况：

（一）发音含糊

如果你的牙齿紧紧靠合，或者更加糟糕些，你的双唇像腹语者一样紧闭不动，那么毫无疑问，你正在用鼻音说话。用鼻音说话导致的最大问题就是发音含糊不清。这样对方会以为你在抱怨，而你则会显得恹恹而无生气，非常消极。

（二）听起来不确定

你必须使对方感觉到，你对你所讲的内容是非常自信的。当你的声音颤抖或者犹豫的时候，对方会以为你对所说的没有把握。如果连你自己都对你所说的没有把握的话，怎么要求让对方对它产生兴趣呢？

（三）咕哝

不要使你的话听起来像是在自言自语。声音过低或者不清晰，听起来同样让人觉得你不确定。你可能本来就不打算让对方听到你的这些话，但是他们模糊地听到了，却不知道你讲的是什么，他们就会产生怀疑，猜测你正在说一些对他们不利的东西。

（四）声音过高

如果你的声音像飞机降落时候的制动声，对方会感到你十分可厌，因此不去听你讲话。过高的声音会使你的讲话具有攻击性，他们会以为你正处在一种压倒、胁迫他们的立场，而这不是他们所愿意的。所以当你喊着要大家听你的话的时候，没有人会愿意听从你的意见。

（五）尾音过低

你可能会有这样的情况出现：当到了一句话的结尾或者关键的地方，你的声音慢慢地低下去，最后就没有了。这样会使句子听起来不完整。你要相信，对方不会愿意去猜测你后面到底讲了什么东西。

（六）令人不适的语调

无论你的意图如何，它最终都是通过声音来表达的。因此，如果你的声音里含有傲慢、蔑视或者其他消极的情感因素的话，你就会伤害听你讲话的人，或给别人不受尊重的感觉。

当你处于一种消极状态的时候，如果你将它掺杂到你的声音中，人们会把它想象得比真实情况要糟糕得多，转而分散自己的注意力。比如，你稍微的挫折感可能被理解为歇斯底里，而你的失望可能被理解为绝望。因此，你必须在你的语调中显示出你真挚的感情来，这样才能以积极的方式去吸引对方的注意力。

（七）夹杂乡土口音

要想声音娓娓动听，最好不要夹杂地方口音。当然，如果你确实要用的话，你必须运用某种方法进行强调，而不要让人们以为你的发音不标准。

节奏：说话不能拖泥带水

你肯定希望自己给人干练、明快的印象，那么，你必须掌握好说话的节奏。影响说话节奏的主要有两个因素：讲话的快慢和说话内容的简繁。

在语言交流中，讲话的快慢程度会影响你向对方传达信息。速度太快就如同音调过高一样，会给人以紧张和焦虑的感觉。如果你说话太快，以至于某些词语模糊不清，他人就会听不懂你所说的东西；而节奏太慢又会表明你过于拖沓、过于迟钝。

华特·史狄文思在《记者眼中的林肯》一书中说道：

"他（指林肯）会以很快的速度说出几个字，但是遇到他希望强调的词句时，就会拖长声音，一字一句说得很重。然后，他会像闪电一样迅速地把整个句子都说完……他会尽量拖长所需要强调的字句，差不多与说其他五六句不重要的句子所使用的时间一样长。"

比如，"今天我们要向大家介绍的就是我们公司的这款商品。"当你在说这句话的时候，你可以先用平缓略低的声音说到"公司的"这三个字为止，然后稍做停顿，热情地大声说出"这款商品！"利用这种技巧你一定能够收到意想不到的效果。

社交语言要简洁、精练，并尽可能地承载更多和更有用的信息，这样才能使你的说话节奏明快，使听众觉得你果断、直接和对说话内容肯定。如果空话连篇、言之无物，你的说话节奏必然拖沓，并且似乎很犹豫，好像在回避什么东西似的。

有的说话者在表达自己观点的时候讲得太多，而且持续的时间太长。前面举过一个例子，即林肯的葛底斯堡讲话。

当时林肯只讲了两分钟，全篇讲话才不过 226 个字，但是爱德华·伊韦瑞特却讲述了两个小时。结果是，林肯获得了成功。

为了使你的说话不拖泥带水，你的信息最好简短直接。你需要注意的是：

（一）直接

你需要直接地向对方表达你的意思。你需要尽快抵达主题，让你的主要意思清晰明了。有的人总喜欢旁敲侧击，但是这容易分散对方的注意力。

（二）简单明了

当你在说明你的重要观点的时候，词汇或句子越少越好。一句老话这么说："我问你几点钟，你不用告诉我表的工作原理。"

可是现实情况是，明明可以用少数词句就可以表达清楚的观点，人们总是喜欢用过多的词句，甚至堆砌故事、人物、数字来说明他的主题。你需要避免过多的修饰，它只会损害你的表达。

你应该知道下面这位父亲在说话时的错误：

一个十几岁的孩子第一次参加正式的舞会，他的父亲这样教导他说：

"你也许不应该在今晚的舞会之前、之中或之后喝酒。"

像"也许"这样缺乏说服力的限定词或关联词，听起来叫人不那么肯定你要表达的究竟是什么意思，对方可能不明白你所肯定的是什么。你不仅不能给对方以果断、直接和坚决的印象，还会使你的表达不够简洁。

（三）集中一点

你可能会让你的主题有多个，这将使你和对方的精力都被分散。实际上，你要把一个主题讲得很透彻都十分困难，所以更不可能把每个主题都讲透。如果非得这样，那么每个主题你都只会浅尝辄止，因此跟对方讨论各种话题会影响你主要观点的表达。

另外，许多人总喜欢注重细节的描述。你可以描述细节，但是必须注意一个前提，即不能影响你的主题的表达。如果你过于重视这些细节，你的信息重点就会不清晰。千万不要让对方以为，在理解你的观点时需要付出多么艰难的努力。大多数人都不愿意这么去做。通过你的表达，使对方得到重要的信息，这才是最重要的。

体态：无声语言是有声语言的辅助

体态语指的是通过表情、身体姿势和手势传达信息的一种肢体语言。据说，在讲话者所要表达的所有信息中，通过非语言渠道传递的信息占了93％，其中38％源于声音、语调等因素，而另外的55％源于表情、身体姿势和手势等体态语。

因此，如果你不想对方对你产生"他懒吗""病了吗""累了吗"之类的猜测的话，那么，你最好不要显得那样。当然，如果你想发挥出色的话，这样还远远不够。

为林肯作传记的柯恩登这样写道：

"林肯更加喜欢用脑袋来做姿势，他会经常甩动头部。当他想要强调某个观点的时候，这种动作特别明显。有时，这种动作会戛然而止……随着演讲的进行，他的动作会越来越随意，最后趋于完美。他有完全属于自己的自然感和特点，这使得他变得很高贵。他瞧不起虚荣、炫耀和做作……有时为了表示喜悦，他会高举双手大约成50度，手掌向上，看起来好像要拥抱那种情绪。当他想表现厌恶时——比如对黑奴制度——他就会举高双臂、握紧拳头，在空中挥舞，表现出强烈的厌恶感。

"这是他最有效的手势，表现了他最坚定的决心，看起来他好像要把这些东西扯下来烧了一样。他总是站得很规矩，双脚并齐，绝不会一脚前一脚后，也绝不会扶在什么东西上面。在整个演讲中，他的姿态和神态只有稍微的变化。他也绝不乱喊乱叫，不会在台上走动。为了使双臂轻松，他有时也会用左手抓住衣领、拇指向上，而只用右手来做手势。"

圣·高等斯根据林肯演讲时的一种姿态为林肯雕了一座像，立在林肯公园内。你没有必要一定要模仿林肯的姿势，但是需要注意你的姿势却是一定的。

（一）面部表情

你首先要注意你的面部表情。如果说眼睛是心灵的窗户的话，那么脸就是心灵的外观。你的所有情绪都写在你的脸上——如果你不是一个善于控制情绪的人的话。无论如何，你可以而且往往会通过表情传达更多的信息。表情有喜怒哀乐，但是对说话的人来说，一般情况下最重要的表情是微笑，它是拉近你和对方距离的最简单有效的方法。

当然，还有更多，这要看你的说话内容而定了。

（二）手势

这里将重点讲述手势语，主要讲当你站着讲话时的手势。这个时候，手势是最自由和最强有力的体态语，也正是这个原因，人们往往也最容易犯错误。

在你开始讲话的时候，最好忘记自己的手，你不用担心会失去它。它们会很自然地下垂在身体两侧，那是最好的一种姿态。当然，在需要的时候，你会记得用它们来做出恰当手势的。

形象：让别人更容易接受

东方有句话叫作"人不可貌相"，说的是我们不能以貌取人。但是，我们不难发现，人们虽然知道这个道理，但在与人交往的时候，往往还是最先从一个人的外貌去做判断，揣测这个人是什么样的。尽管这种方法十分片面、很不科学，却形成了一种社会现象。因为我们在与人交往时，给我们直接的、真实的感觉的就是一个人的形象。至于他的内在，比如涵养和性格，都只能经过较长时间的观察才能得出。

具体说来，形象是说话者文化素养和情趣的反映，它微妙地作用于人的脑海，完成了语言难以完成的效果。如果你注意你的形象，争取在第一时间给人好的印象，那么这将有助于你得到别人的认同。比如说，你给人一种诚恳的感觉的话，别人可能对你产生一种信赖感，从而也相信你所说的话。

你可能非常相信你的老师所说的话，也更加容易被一个你仰慕已久的专家所打动。如果对方是一位总统的话，你可能毫不犹豫地认为他所说的话是对的，这在很大程度上是因为对方在你心目中的形象十分可信。假设你在街上邂逅一个陌生人向你推销商品，如果对方衣冠不整、口齿不清，你多半会认为他卖的是伪劣产品；而如果对方衣冠楚楚、谈吐不凡，你很有可能相信他介绍的产品的优点是真的，从而把它买下。

另外，社会学家发现，我们往往在 7 ~ 20 秒内就对别人进行了判断，这就是对方在我们心目中留下的印象。而这种在极短时间内形成的印象，日后也很难改变，甚至可以延续一辈子。这就是我们为什么本能地喜欢或讨厌一些人的原因。

我们可能会有这样的感觉：如果一个人给你的第一印象很好的话——假如他看起来很自信、对人真诚——那么你可能对他产生相当的好感，转而更加相信他所说的话。事实上，这是所有人都有的感受。

面对说话者，我们的第一印象确实十分重要，这几乎可以影响到自己对对方的所有判断。比如，面对同一个演讲者，如果他给你的第一印象好的话，那么不论他讲得好不好，你都会认为他讲得好；而如果他给你的第一印象坏的话，他即使讲得再好，在你的心里仍然要大打折扣。这个印象对判断他以后的演讲仍然有一定的影响。

既然事实如此，你如果想给人好的印象，使他对你的话更加相信的话，就只有更加注意自己的形象，尤其是给人的第一印象。良好的第一印象是成功交往、创建融洽的人际关系的良好开端。关于形象的建立，具体说起来非常复杂，因为它包含了许多内容。而前面所讲的很多内容仍然有效，比如，有艺术的说话，就能够使你看起来比较可信，因此也有利于在别人的心目中建立你的良好形象。现在着重补充以下的内容：

（一）衣着形象

衣着是信息的一部分，人们对衣着会有自己各种各样的判断。我们应该知道为什么在店铺里穿着好的人会比穿着简陋的人得到更好的服务。一个娱乐节目的主持人，如果他穿着一套笔挺的西装的话，可能会显得比较尴尬；而一个政府发言人，如果他穿着一套休闲服装的话，人们可能不大相信他所说的话，甚至可能以为他是冒牌的。至少你也应该做到让人看起来顺眼，而不是相反。

如果需要更高一点的要求，那就是：衣着应该支持你的观点，而不是转移它。对说话人而言，更重要的一点就是看起来可信——如果你穿着合适的话。

一个人的穿着打扮，包括服饰的颜色、式样、档次和搭配，以及饰物的裁剪，都与他的性格爱好、文化修养、生活习惯有关系。心理学家发现：一个注重穿着打扮的人，他的责任心和可信度会比较高。

你在穿着方面应该注意以下的问题：

1. 装束要适度。你要让对方注意的是你的讲话，而不是你吸引人的衣服。

2. 要擦亮你的皮鞋。你在台上的时候应该更加注意这一点。

3. 穿着要舒适。不要让领带勒紧你的脖子，这会让你看起来很费劲。

4. 不要把你的衣服口袋塞满。这会让你看起来像是刚从杂货店出来。

5. 不要让你的铅笔等物品从衬衫口袋或西服口袋里面露出来。这会让你看起来很令人讨厌。

（二）礼貌待人，主动热情

不要让自己看起来冷冰冰的，这会让人觉得你很高傲，从而打消跟你交往的念头。你要举止得体、彬彬有礼，而不要看起来很莽撞、没有一点涵养。主动热情则要求你在交往的过程中表现为喜欢、赞美和关注他人。如果你做到了这一点，对方会认为你说的话确实是从他们的角度进行考虑的，从而更加愿意相信你所说的话。

（三）求同存异，缩小差距

平等是交往的首要原则。如果你看起来高人一等的样子，你会使人产生反感情绪；相反，如果你随时都附和别人的观点，那么人们也会认为你没有自己的主见。

相似是交往的另一个原则。你如果和他人在兴趣爱好、观点态度，甚至年龄、服饰等方面差距较小，就会较容易和他拉近距离，从而消除陌生感，尽快地从心理上靠近对方。

（四）了解对方，记住特征

每个人最关心的都是自己。如果你对他的个人问题表示出一定的关心的话，你会给他一种被尊重的感觉。在了解了他人之后，如果你打算更进一步地交往的话，你需要把你们的话题转换到他感兴趣的事情上来。

比如，如果对方喜欢养花的话，你可以跟他谈谈养花的逸闻和趣事，或者表示你对玫瑰的历史有相当的兴趣。不过，千万不要请教太高深的问题，如果对方回答不出来的话，他容易迁怒于你。

修辞：让话语更有分量

耶稣在解释"天国"时，采用了一种非常好的方法，那就是运用人们熟悉的东西来说明他们不熟悉的东西。比如，他说：

"天国就像酵母，人们把它放到玉米粉里面，它就会全部发酵完毕……"

"天国就像寻找珍珠的商人……"

"天国就像撒入大海中的网……"

在这里，"天国"可能不是人们所熟悉的，而酵母、商人、网则是为大家所熟悉的东西。耶稣采用了这样一种巧妙的方式，运用两者类似的地方进行比较，就更加容易让人明白。

你是不是有时候也会这么去做？当你想要对方快一点的时候，你可能会对他说："希望你弄完的时候，我还不至于变成'木乃伊'！"你和对方都知道，你至少在这么短的时间里变不成"木乃伊"，但是你却很明显地夸大了事实。实际上，在说话的时候，如果你想要强调某一点，适当地运用一些夸张将是一个非常好的办法。而如果你想说明某人的做法可能会产生严重后果的话，你也许会说："你这样做，就好像是打开了潘多拉的盒子。"而他肯定也知道你说这话的意思。

如果你现在正在跟一个古希腊人辩论，你的好处将是，在这里没有你讨厌的律师；而坏处是，你必须自己为自己辩护。正是因为这样，如果想要在辩论中取胜，你必须采用各种各样类似上面所举的例子那样的方法来改善自己的话语，以使它更有分量，使人们更加相信你。而这种方法就是通常所说的修辞。如果你注意了的话你就会发现，律师之所以能言善辩，正是因为经常用到它。

上面所举的两个例子是两种十分常见的修辞方法，耶稣用的那种是比喻，而你在说自己变成"木乃伊"时所用的是夸张。修辞方法除了上面两种外，还有许多种。你不用因为需要掌握这么多修辞方法而烦恼，实际上，正是因为它多，才使你的说话变得更有说服力。这里将就几种主要的、比较容易掌握的修辞方法进行简略的说明。

（一）引用

实际上，这种修辞方法是我们最常用到的。卡耐基就经常在自己的书里大量地引用著名演讲家和学员的故事来说明他的观点，事实证明，这样的确收到了很好的效果。

（二）反复

也就是以相同的节奏重复同一个意思。这样做的好处是，你不仅能够把听众的注意力吸引住，从而让他们知道你的主要观点是什么，而且能够将你的主要思想与整个演讲融为一体。比如，一个演讲家在谈论某个部门的时候说：

"这个系统，它有着糟糕的公众服务，政府雇员的数量却远远超过了工厂。

"这个系统，它有着一个好管闲事的政府，每时每刻都准备插手你的商业事务和私人生活。

"这个系统，它吞噬了整个国家将近一半的财政预算。"

通过反复，他让听众相信，这个部门确实存在很多问题而急需改革了。

（三）对比

对比是指同时列出两个相反或者相对的事物。我们先看查尔·狄更斯在《双城记》里是如何巧妙地运用对比这种修辞手法的：

"那是最美好的年代，也是最糟糕的年代；那是智慧的时代，也是愚蠢的时代；那是信仰的时期，也是怀疑的时期；那是光明的季节，也是黑暗的季节；那是希望的春天，也是绝望的冬天；在我们前面，堆积如山，也一无所有；我们全都奔向天堂，也全都走向地狱……"

对比确实能够使原本平淡无奇的话变得精彩，使你变得很雄辩。不用去管为什么会这样，这些问题可以留给语言学家或心理学家去解答，你只要知道它有用并尽量去用就行了。

（四）反问

当你在表达一个观点的时候，你可能会说："难道不是这样吗？"一方面，你认为事实明明就是这样的；另一方面，你可能并不需要听众回答这个问题。这时候，反问只是为了吸引听众对你的问题的注意，它常常被用在结论和过渡中。

但是有时候，它可以表达更多的意思。如果你想说服一个人，最好的方法就是举出例证反问之，这样比正面辩论要有更大的说服力。

有一次，伟大的拿破仑骄傲地对他的秘书说："布里昂，你知道吗？你将永垂不朽了。"布里昂并没有明白他的意思，问拿破仑为什么这么说。

拿破仑说道："你不是我的秘书吗？"

布里昂明白后，不甘示弱地对拿破仑说："请问，亚历山大的秘书是谁？"

拿破仑没有答上来，他赞扬布里昂说："问得好！"

你明白这段对话的奥妙吗？拿破仑的意思是，因为布里昂是他的秘书，所以会扬名。但是，布里昂却表示自己不愿意靠别人出名，所以反问了拿破仑这么一句话。他问拿破仑那句话的意思是，伟大人物的秘书不一定就会出名。但是，因为拿破仑是他的主帅，他不能直接反驳拿破仑的观点，所以用反问巧妙地表达了自己的看法。

（五）排比

排比就是将三个或三个以上同样的句式放在一起，而不是表达同一种意思。你可能也曾经看到过这样的例子，只是没有注意而已。

排比的独特优点还在于它对任何话题都适用。无论你要讲的是什么，你总能用上这种修辞方法。

第五章　社交高手们一般采用的说话技巧

让对方多说话

很多人急于让对方（为了写作的方便，除非特别提及，否则本书中"对方"一词指的是包括两人谈话中的"对方"、演讲中的"听众"等在内的所有场合的说话对象，即泛指的对象）明白自己的意见，话说得太多了。要知道，有时候话说得太多跟不说话的效果差不多。

尽量让对方多说话吧！他们对自己的事情和问题一定比对你了解得要多。所以，在必要的时候，向他们提一些问题，让他们告诉你一些事情。这样做将会使你们的交流更加有效果。

如果你并不同意对方的观点，你可能想去反驳他。可是你千万不要这么做，因为这将是非常危险的。当一个人急于把自己的观点表达出来的时候，他绝对不会注意别人的观点。在这个时候，你要做的事情就是听听他有什么观点，鼓励对方充分地发表自己的意见。

首先，让我们来看看这种策略的运用在商业上的价值。

若干年前，美国最大的汽车制造公司之一正在和三家重要的厂商洽谈订购下一年度的汽车坐垫布。这三家厂商都已经做好了坐垫布的样品，并且已经得到汽车制造公司的检验。汽车制造公司告诉他们，他们可以同等条件参加竞争，以便公司做出最后的决定。

其中一个厂商的业务代表R先生——他后来成为卡耐基口才训练班的学员——在班上叙述他的经历时说："不幸的是，我在抵达的时候，正患有严重的喉炎。当我参加高级职员会议时，我已经几乎说不出话来了。他们领我到一个房间，该公司的纺织工程师、采购经理、推销经理以及总经理跟我晤面。我站起来，想尽力说话，却只能发出沙哑的声音。最后，我只能在纸上写道：各位，对不起，我的嗓子哑了，不能说话。

"'那么，就让我替你说吧！'该公司的总经理看到后说。他帮我展示了我的样品，并且对着大家称赞了它的优点。在他的提议下，大家围绕着样品的优点展开了热烈的讨论。由于那位总经理在替我说话，因此在这场讨论中，我只是微笑、点头以及做了几个简单的手势。

"这个特殊的会议讨论的结果是我赢得了这份订单，和该公司签订了 50 万码的坐垫布。这是我获得的最大的订单——它的总价值为 160 万美元。我很幸运。我知道，假如我的嗓子没有哑，那么，我可能得不到这个订单，因为我对整个情况的看法是错误的。这个经历让我发现，让别人说话是多么有益。"

交易成功的关键在于，如果你希望别人买你的商品，最好的办法莫过于让他们自己说服自己。在很多情况下，你不能直接向顾客推销你的商品，而要让他们在心底觉得你的商品确实很有优势，从而主动来买你的商品。

让对方说话，并不只是在商业领域起到了它的作用，也有助于别的方面。比如，它可以帮助你处理家庭中的一些矛盾。

芭芭拉·威尔逊是卡耐基训练班的学员，她和她的女儿罗瑞的关系近段时间迅速恶化。罗瑞以前是个十分乖巧和听话的孩子，但是当她十几岁的时候，却与母亲产生了许多矛盾，拒绝与母亲合作。威尔逊夫人曾试图用各种方法威吓、教训她，但是都无济于事。

"她根本不听我的话，我几乎放弃了所有的努力。有一天，她家务活还没做完，就去找她的朋友玩。当她回来的时候，我照旧骂了她。我已经没有耐心了，我伤心地对她说：'罗瑞，你为什么会这样呢？'

"罗瑞似乎看出了我的痛苦。她问我：'你真想知道吗？'我点头。于是她开始告诉我以前从未跟我说过的事情：我总是命令她做这做那，从来没有想过要听她的意见；当她想跟我谈心的时候，我却总是打断她。我认识到，罗瑞其实很需要我，但她希望我不是一个爱发命令、武断的母亲，而是一个亲密的朋友，这样她才能倾诉烦恼。而以前，我从未注意到这些。从那以后，我开始让她畅所欲言，而我总是认真地听。现在，我们的关系大大改善，我们成了好朋友。"

同样地，让别人说话，可能对你求职也有很大的用处。

纽约《先锋导报》曾刊登了一则招聘广告，他们需要聘请一位有特殊能力和经验的人。查尔斯·克伯利斯看到广告后，把他的资料寄了出去。几天之后，他收到了约他面谈的回信。

"如果能在你们这家有着如此不凡经历的公司做事，我将会十分自豪。听说在 28 年前，当你开始创建这家公司的时候，除了一张桌子、一间办公室、一个速记员之外什么都没有，简直难以置信。这是真的吗？"在面谈的时候，克伯利斯对与他面谈的老板这样说。实际上，每个成功的人都喜欢回忆自己早年的创业经历，并且十分高兴别人能听他讲下去。这个老板也不例外。他跟克伯利斯谈了很久，谈了他如何依靠 450 美元现金开始创业，每天工作 12 到 16 个小时，在星期日及节假日照常工作，以及他最后终于战胜了所有的困难。最后，这位老板简单地问了克伯利斯的经历，然后对他的副经理说："我想他就是我们正在寻找的人。"

克伯利斯成功的原因可能没有这么简单，但是有一点十分重要：他聪明地提出了一个对方十分感兴趣的问题，并且鼓励对方多说话，因此给了老板很好的印象。

法国哲学家罗司法考说过："如果你想结仇，你就要比你的朋友表现得更加出色；但如果你想要得到朋友，那就要让你的朋友表现得更出色。"他的意思是，当你的朋友胜过你时，他们就会产生一种自重感；但是如果相反，他们就会产生一种自卑感，并且开始对你猜疑和忌妒。

亨丽塔女士是纽约市中区人事局里与别人关系最融洽的工作介绍顾问。但是一开始有好几个月，亨丽塔在同事中连一个朋友也没有。

"我的工作干得确实很不错，我一直很骄傲。"亨丽塔在卡耐基训练班上说，"奇怪的是，同事们不但不愿意跟我分享我的成绩，而且似乎很不高兴。而我渴望和他们做朋友。在上了这种辅导课之后，我开始按照它去做了，我开始少谈自己，多听同事们说话。我发现，其实他们也有许多值得夸耀的事。对他们而言，把他们的事情告诉我，比听我的自吹更能让他们高兴。现在，每次我们在一起聊天的时候，我都会让他们告诉我他们的故事，共同分享他们的故事。只有当他们问及，我才略微地谈论一下我自己。"

有时候，弱化我们自己的成就会使人喜欢你。德国人有句俗语，大意是：最大的快乐，便是从我们所羡慕的强者那里发现弱点，从而让我们得到满足。是的，你要相信，也许你的一些朋友会从你的挫折或弱点中得到更大的满足。

有一次，一位律师在证人席上对埃文·考伯说："考伯先生，我听说你是美国最著名的作家，是这样吗？"考伯回答说："我不过是徒有虚名罢了。"

考伯的回答方法是正确的。你或许不知道是什么使我们不至于成为白痴，那并不是什么了不起的东西，只是你甲状腺中值 5 美分镍币的碘而已。而如果没有那点东西，我们就会成为白痴。我们都没有什么了不起的。人终有一死，百年之后，我们中的绝大多数都会被人忘记。生命如此短暂，我们不应该对自己小小的成就念念不忘，这样会使人厌烦的。因此，如果你希望别人的看法跟你一致，使你们的谈话进入佳境，就要鼓励别人多说话——这是你必须做的事情。

不要和别人争论

第二次世界大战后不久，卡耐基在伦敦得到了一个极为重要的教训。那时，他是澳大利亚飞行家詹姆斯的经理人。在大战期间和结束后不久，詹姆斯成了世界瞩目的人物。一天晚上，卡耐基参加了欢迎詹姆斯的宴会。那时，坐在卡耐基右边的一位来宾给大家讲了一段诙谐的故事，并在讲话中引用了一句话。

他指出这句话出自《圣经》，而卡耐基恰好知道这句话出自莎士比亚的作品。那时候，为了显得自己有多么突出，卡耐基毫无顾忌地纠正了他的错误。然而那人却说："什么？那句话出自莎士比亚？不可能，绝对不可能。"他坚持认为自己是对的。

当时，坐在卡耐基左边的是卡耐基的老朋友加蒙，他是一个研究莎士比亚的专家。"我们让加蒙来决定我们谁是正确的。"加蒙在桌子底下踢了卡耐基一脚，然后说："卡耐基，你是错的，这句话的确出自《圣经》。"

宴会之后他们一起回家。卡耐基责怪加蒙说："你明明知道那句话是出自莎士比亚之口，为什么还要说我不对呢？"

"是的，一点都不错。"加蒙说，"那是莎士比亚的《哈姆雷特》第五幕第二场中的台词。可是卡耐基，我们都是这个宴会上的客人，为什么我们一定要找出一个证据，去指责别人的错误呢？你这样做会让别人对你产生好感吗？你为什么不能给他留一点点面子呢？他并不想征求你的意见，也不想知道你有什么看法，你又何必去跟他争辩呢？记住这一点，卡耐基：永远不要跟他人发生正面冲突。这是一个真理。"

"永远不要和他人发生正面冲突。"说这句话的人现在已经不在这个世界上了，可是我们要永远记住这句话。

这个教训给了卡耐基极大的震动。卡耐基原来是一个固执己见的人，从小就喜欢跟人辩论。读大学的时候，卡耐基对逻辑和辩论十分感兴趣，经常参加各种辩论比赛。后来，卡耐基在纽约教授辩论课，甚至还计划着手写一本关于辩论的书。

那天之后，卡耐基又聆听了数千次辩论，并且十分注意每次辩论会之后产生的影响。他得出一个结论，它也是一个真理：天下只有一种方法能得到辩论的最大胜利，那就是像避开毒蛇和地震一样，尽量去避免辩论。

卡耐基还发现，在辩论之后，十有八九，各人还是会坚持自己的观点，相信自己是绝对正确的。

你应该知道，当人们被迫放弃自己的意见而同意他人的观点的时候，就算他看起来是被说服了，实际上他反而会更加固执地坚持自己的意见。

巴恩互助人寿保险公司为他们的职员定下了这么一条规定：不要争辩。他们认为，一个好的推销员是不会跟顾客争辩的，即使是最平常的意见不合，也应该尽量避免。因为人的思想是不容易改变的。

老富兰克林的话正好可以说明这一点："如果你辩论、反驳，或许你会得到胜利，可是那胜利是短暂、空虚的，而你将永远也得不到对方对你的好感。"空虚的胜利和人们对你的好感，你希望得到哪一样呢？

在威尔逊总统任职期间担任财政部部长的玛度，以他多年的从政经验告诉人们一个教训："我们绝不可能用争论使一个无知的人心服口服。"卡耐基认为：你别想用辩论改变任何人的意见，而不只是无知的人。

下面再举一个例子。所得税顾问派逊先生，曾经为了一笔9000美元的账目问题和一位政府税收稽查员争论了一个小时。派逊的意见是：不应该征收人家的所得税，因为这是一笔永远无法收回的呆账。而那位稽查员却认为必须缴税。

派逊在卡耐基讲习班上讲了后来的情形：

"他冷漠、傲慢、固执，跟这种人讲理，就如同在讲废话。越跟他争辩，他越是固执己见。后来我决定不再继续跟他争论下去，于是就换了个话题，还赞赏了他几句。

"'由于你处理过许多类似的问题，'我这样对他说，'所以这个问题对你来说肯定是小菜一碟。而我虽然也研究过税务，但不过是纸上谈兵。你当然知道，这些是需要实践经验的。说实在话，我非常羡慕你有这样的一个职务，这段时间让我受益匪浅。'

"当然，我跟他讲的，也都是实在话。那位稽查员挺了挺腰，就开始谈他的工作，讲了许多他所处理的舞弊案件。他的语气渐渐平和下来，接着又说到自己的家庭和孩子。临走的时候，他对我说他打算回去再把这个问题考虑一下。

"三天后，他来见我，说那笔税按照税目条款办理，不再多征收。"

这位稽查员的身上，显露出了人性的一个常见的弱点，即希望得到别人的认同。当派逊跟他争辩的时候，他显得十分有权威，希望以此来建立自尊；而当派逊认同他的时候，他就随即变成了一个和善的、有同情心的人，从而自然而然地停止了争论。

释迦牟尼说过："恨永远无法止恨，只有爱才可以止恨。"因此，误会不能用争论来解决，而必须运用一定的外交手腕和给予别人的认同来解决。

林肯曾经这样斥责一位与同事争吵的军官："一个成大事的人，不应处处与人计较，也不应花大量的时间去和他人争论。无谓的争论不仅会有损你的教养，而且会让你失去自控力。尽可能对别人谦让一些。与其挡着一只狗，不如让它先走一步。因为如果被狗咬了一口，就算你把这只狗打死，也不能治好你的伤口。"林肯的话也应该成为你的行动准则。

永远不要指责他人的错误

在研究青年时代的林肯的时候，我们惊奇地发现：胸襟博大的林肯一开始竟然是一个以指出别人的错误为乐的人。在他年轻的时候，他非常喜欢对别人进行评论，并且经常写信讽刺那些他认为很差劲的人。他常常把信直接丢在乡间路上，使别人散步的时候能够很容易看到。即使在他当上了伊里诺州春田镇的见习律师以后，他还是经常在报纸上抨击那些反对者。

1842 年的秋天，林肯经历了一件令他刻骨铭心的事情。当时他写了一封匿名信发表在《春田日报》上，嘲弄了一位自视甚高的政客詹姆斯·希尔斯。这封信使希尔斯受到了全镇人的讥笑。希尔斯愤怒不已，全力追查写信人，最后查到是林肯写的那封信。他要求和林肯决斗，以维护自己的名誉。本来林肯并不喜欢决斗，但是无可奈何，只能答应。他选择了骑士的腰刀作为他的武器，并且请了一位西点军校毕业生来指导他的剑术。

数日来，林肯一直处在一种十分愧疚和自责的状态下，因为这一切都是他指责对方的错误而导致的。他在这样的心态下等待着那惊心动魄时刻的到来。幸好——非常意外地——在决斗开始的前一刻，有人出面阻止了这场决斗。

为了指责别人的错误而被迫与别人一决生死，这是多么愚蠢的一件事。林肯终于决定以后再不做这样的事情了。他不再写信骂人，也不再为任何事指责任何人。

内战期间，林肯好几次调换了波多马克军的将领，但是这些将领却屡次犯错。人们无情地指责林肯，说他用人不当。林肯并没有因此而对这些将领进行指责，而是保持了沉默。他说："如果你指责和评论别人，别人也会这样对你。"他还说："不要责怪他们，换作我们，大概也会这样的。"

1863 年 7 月 3 日开始的葛底斯堡战役是内战期间最重要的一次战役。7 月 4 日，李将军率领他的军队开始向南方撤离。他带着败兵逃到了波多马克河边，他的前面是波涛汹涌的大河，身后是乘胜追击的政府军。对北方军队而言，这简直是天赐良机，完全可以一举歼灭李将军的部队，从而很快地结束内战。林肯命令米地将军果断出击，告诉他不用召开紧急军事会议。为了确保命令的下达，他不仅用了电报下令，另外还派了专员传达口讯给米地将军。

结果呢？米地将军并没有遵照林肯的命令行事，而是召开了紧急军事会议。他借故拖延时间，甚至拒绝攻打李将军。

最后，李将军和他的军队顺利地渡过了波多马克河，保存了实力。

当听到这个消息后，林肯勃然大怒——他从来没有这么愤怒过。失望之余，他写了一封信给米地将军。信的内容是这样的：

"亲爱的米地将军：

我不相信，你也会对李将军逃走一事感到不幸。那时候，他就在我们眼前，胜利也就在我们眼前。而现在，战争势必继续进行。既然在那时候你不能擒住李将军，如今，他已经到了波多马克河的南边，你怎么取得胜利？我已经不期待你会成功，而且也不期待你会做得多好。机不可失，时不再来，我对此深感遗憾。"

你可以猜测一下米地将军读到这封信的时候会有什么表情。但是，你可能会感到意外的是，他根本没有收到过这封信，因为这封信林肯并没有寄出去——人们是在一堆文件里发现它的。

林肯忘记把这封信寄出去了吗？这是不可想象的。众所周知，这是一封十分重要的信件。有人回忆了当时的情景：

"这仅仅是我的猜测……"林肯在写完这封信时，心里想道，"当然，也许是我性急了。坐在白宫，我当然能够看得更加清楚，也更加能够指挥若定。但是，如果我在葛底斯堡的话，我成天看见的是因为伤痛而号哭的士兵，或者成千上万的尸骨，也许那样，我就不会急着去攻打李将军了吧！我一定也会像米地将军一样畏缩的。现在，既然事情已经发生了，唯一能做的就是承认它。至于这封信，如果我把它寄出去的话，我想除了让自己感到愉快之外，将不会有任何其他的好处。相反，它会使米地将军跟我反目，迫使他离开军队，或者断送他的前途。这是大家都不愿意看到的。"

于是，林肯把那封已经装好的信搁在了一边。因为他相信，批评和指责所得的效果等于零。

林肯总统从以前总爱指出别人的错误到后来如此宽容的巨大转变，给我们树立了一个榜样。他以自己的切身经验告诉我们：永远不要指责他人的错误。

当年，西奥多·罗斯福入主白宫的时候说，如果他在执政期间能有 75% 的时候不犯错，那就达到了他的预期目的了。这位 20 世纪最杰出的人物尚且如此，那么作为普通人的你我呢？假如你确定自己能够做到 55% 的正确率，你就可以去华尔街，在那里你可以日进百万美元，丝毫没有问题。如果你没有这样的把握，那么你也不要去说别人哪里对哪里错了。

事实上，大多数人都不会进行逻辑性的思考，他们都犯有主观的、偏见的错误。多数人都有成见、忌妒、猜疑、恐惧以及傲慢的心理，而这些缺点将给他们的判断带来影响。如果你习惯于指出别人的错误的话，请你认真阅读下面的这段文字。它摘自著名心理学家卡尔·罗吉斯的《怎样做人》一书。

"当我尝试了解他人的时候，我发现这实在很有意义。对此，你可能会感到奇怪，你可能会想：我们真的有必要这样做吗？我认为，这是绝对必要的。我们在听到他人说话的时候，第一反应往往是进行判断或进行评价，而不是尽力去理解这些话。当别人说出某种意见、态度或想法的时候，我们总是会说'不错''太可笑了''正常吗''这太离谱了'等评论性的话。而我们却很少去了解这些话对说话人有什么意义。"

另外，詹姆斯·哈维·鲁宾孙教授在《决策的过程》中写了下面一段话，对我们也很有启迪意义。

"……我们会在无意识中改变自己的观念。这种改变完全是潜移默化而不被我们自己注意的。但是，一旦有人来指正这种观念，我们一般会极力地维护它。很明显，这并不是因为观念本身的可贵，而是因为我们的自尊心受到了伤害……在为人处世时，'我的'这个词既简单又重要。妥善地处理好这个词，是我们的智慧之源。无论是'我的'饭、'我的'狗、'我的'屋子、'我的'父亲，还是'我的'国家、'我的'上帝，都拥有同样巨大的力量。我们不仅不喜欢别人说'我的'手表不准或'我的'汽车太旧，也不喜欢别人纠正我们对于火星上水道的模糊概念，以及对于水杨素药效的认识，或对于亚述王沙冈一世生卒年月的错误……我们总是愿意相信我们所习惯的东西。当我们所相信的事物被怀疑时，我们就会产生反感，并努力寻找各种理由为之辩护。结果怎样呢？我们所谓的理智、所谓的推理等等，就变成了维系我们所习惯的事物的借口了。"

在这样的情况下，我们得出的判断可靠吗？当然不可靠。既然自己都不能确信自己就是对的，我们还有资格对别人指手画脚吗？

当然，如果一个人说了一句你认为肯定错误的话，而且指出来对你们的交流会有好处的话，你当然可以指出来。但是，你应该这么说："噢，原来是这样的。不过我还有另外一种想法，当然，我可能不对——我总是出错。如果我错了，请你务必毫不客气地指出来。让我们看看问题所在。"

用这类话，比如"我也许不对""我有另外的想法"等，确实会收到神奇的效果。无论何时，无论何地，不会有人反对你说"我也许不对，让我们看看问题所在"。

柏拉图曾经告诉人们这样一个方法："当你在教导他人时，不要使他发现自己在被教导；指出人们所不知的事情时，要使他感到那只是提醒他一时忽略了的事情。你不可能教会他所有的东西，而只能告诉他怎么处理这种事情。"英国19世纪的著名政治家查斯特费尔德对他的儿子这样说："如果可能，你应该比别人聪明；但绝不能对别人说你更加聪明。"

永远不要这么说："我要给你证明这样……"这对事情无益，因为你等于在说："我比你聪明，我要告诉你这样去做才是对的。"你以为他会同意你吗？绝对不会，因为你直接打击了他的智慧、他的判断力以及他的自尊。这永远不会改变他的看法，他甚至有可能起来反对你。即使你用严谨如柏拉图或康德的逻辑来和他辩论，你也不能改变他的看法。因为，你已经伤害了他的感情。

如果你确定某人错了，你就直截了当地告诉了他，那么结果会怎么样呢？让我们来看看具体的事例，因为事例可能更有说服力。

　　F先生是纽约的一位青年律师，曾参加过一个重要案件的辩论。这个案件由美国最高法院审理。在辩论中，一位法官问F先生："《海事法》的追诉期限是6年，是吗？"

　　F先生有些吃惊，他看了法官一会儿，然后直率地说："审判长，《海事法》里没有关于追诉期限的条文。"

　　人们顿时安静了下来，法庭中的温度似乎降到了零下。F先生是对的，法官是错的，F先生如实地告诉了法官。但是结果如何呢？尽管法律可以作为F先生的后盾，而且他的辩论也很精彩，可是他并没有说服法官。

　　F先生犯了一个大错，他当众指出了一位学识渊博、极有声望的人的错误，所以他失败了。他这样做有益于事情的解决吗？事实证明，一点也没有。

　　即使在温和的情况下，也不容易改变一个人的主意，更何况在其他情况下呢？

　　当你想要证明什么时，你大可不必声张。你需要讲究一些策略，使对方在不知不觉中接受你的观点。

　　如果你想要在这方面找一个范例的话，我建议你读一读本杰明·富兰克林的自传。在这本书里，富兰克林讲述了他是如何改变争强好胜、尖酸刻薄的个性的。

富兰克林年轻的时候总是冒冒失失。有一天，教友会的一位老教友教训了他一顿："你可真的是无可救药。你总是喜欢嘲笑、攻击每一个跟你意见不同的人，而你自己的意见又太不切实际了，没人接受得了。你的朋友一致认为，如果没有你，他们会更加自在。你知道的东西太多了，没有什么人能够再教你什么，而且也没有人愿意去做这种事情，因为那是吃力不讨好的。可是呢，你现在所知又十分有限，却已经学不到什么东西了。"

富兰克林决定接受这尖刻的责备，实际上他那时候已经很成熟和明智了，但是他知道这是事实，而且对他的前途有害无益。富兰克林回忆说：

"我立下了一条规矩：不许武断、不允许伤害别人的感情，甚至不说'绝对'之类的肯定的话。我甚至不容许自己在自己的语言文字中使用过于肯定的字眼，比如'当然''无疑'等等，而代之以'我想''我猜测''我想象'或者'似乎'。当我肯定别人说了一些我明明知道是错误的话，我也不再冒冒失失地反驳他，不再立即指出他的错误来。回答时，我会说'在某种情况下，你的意见确实不错；但是现在，我认为事情也许会……'等等。很快地，我就发现了我的改变所带来的效果。每次我参与谈话，气氛都变得融洽和愉快得多。我谦逊地表达自己的意见，不但让别人能够容易接受，还会减少一些冲突。而当我犯了错误的时候，我也不再难堪；当我正确的时候，更加容易使对方改变自己的看法而赞同我。

"一开始，采取这种方法的确跟我的本性相冲突，但是时间一长，也就越来越习惯了。在过去的50年里，我没有再说过一句过于武断的话。当我提议建立新法案或修改旧法律条文能得到民众的重视，当我成为议员后能具有相当大的影响力，都要归功于这一习惯。虽然我并不善辞令，没有什么口才，谈吐也比较迟缓，甚至有时还会说错话，但一般而言，我的意见还是会得到广泛的支持。"

你要知道，在将近2000年前，耶稣就已经说过："尽快跟你的敌人握手言和吧！"而在耶稣诞生之前的2000多年前，古埃及国王阿克图告诫他的儿子说："谦虚而有策略，你将无往不胜。"我们似乎也可以这么理解：不要同你的顾客或你的丈夫争论，不要指责他错了，不要刺激他，你需要讲究一些策略，这样你才会成功。

勇敢地承认自己的错误

乔治·华盛顿总统在很小的时候就显示出了许多优秀的品格。他家的种植园中种有许多果树。有一次，乔治的父亲华盛顿先生从大洋对岸买了一棵品种上佳的樱桃树。华盛顿先生非常喜爱这棵樱桃树，他把树种在果园边上，并告诉农场上的所有人要对它严加看护，不能让任何人碰它。

一天，华盛顿先生交给乔治一把锋利的小斧子，让他去清理杂树，然后自己就出去了。乔治十分高兴自己拥有一把锋利的小斧子，所以拿着它在种植园中乱砍杂树。可能是因为太高兴了，他一不小心就砍倒了那棵樱桃树。

那天傍晚，华盛顿先生忙完农事，把马牵回马棚，然后来果园看他的樱桃树。

没想到，自己心爱的树居然被砍倒在地。他问了所有人，但谁都说不知道。就在这时，乔治恰巧从旁边经过。

"乔治，"父亲用生气的口吻高声喊道，"你知道是谁把我的樱桃树砍倒了吗？"

乔治看到父亲如此愤怒，他意识到是自己的一时冲动闯了祸。他哼哼唧唧了一会儿，但很快恢复了神志。"我不能说谎，"他说，"爸爸，是我用斧子砍的。"

华盛顿先生这时候已经冷静了下来，他问乔治：

"告诉我，乔治，你为什么要砍死那棵树？"

"当时我正在玩，没想到……"乔治回答道。

华盛顿先生把手放在孩子肩上。"看着我，"他说道，"失去了一棵树，我当然很难过，但我同时也很高兴，因为你鼓足勇气向我说了实话。我宁愿要一个勇敢诚实的孩子，也不愿拥有一个种满枝叶繁茂的樱桃树的果园。一定要记住这一点，儿子。"

乔治·华盛顿从未忘记这一点。他一直像小时候那样勇敢、受人尊敬，直至生命结束。

在纽约的一家汽车维修店里，曾经发生过一件勇敢地承认自己错误的事情。

布鲁士新入职这家维修店不久，就因为热情的工作态度得到了老板和同事们的一致好评。

但是一天，由于一时大意，布鲁士把一台价值5000美元的汽车发动机以2500美元的价格卖给了一位顾客。同事们给他出主意，让他立即追回那位顾客；如果追不回，还可以私下里垫上这2500美元。可是布鲁士觉得这些方法都不好，他决定向老板承认错误。那些同事阻止他，认为他这么做简直太蠢了，因为这会导致他失去这份工作。但是布鲁士却坚持自己的主意。

布鲁士拿着一个装了钱的信封来到了老板的办公室。"对不起，布朗先生，"布鲁士说道，"今天，由于个人的原因，我犯了一个很大的错误，使维修店损失了 2500 美元。我为我犯了这样的错误而感到羞耻，并打算辞去这份工作。在走之前，我打算把这笔损失补上。这是我的 2500 美元赔款，请您收下。"

老板听后，沉默了一会儿，然后对布鲁士说："你真的打算这么做吗？"

"是的，布朗先生，"布鲁士回答道，"我把发动机的价格搞错了，确实是我犯下了这个错误，因此只有我自己来承担这个责任。我本来可以去找那位顾客，但是这样会损害维修店的声誉。而我，对这件事情负有全部的责任。因此，我只能这么做。"

布鲁士这种勇敢承认自己错误的行为打动了老板。他知道，任何人都会犯错误，关键是要有承认和改正自己的错误的勇气。所以，老板并没有批准布鲁士辞职，而是给了他更大的发展空间，也更加器重他，而布鲁士则因为勇敢地承认自己的错误而获得了比 2500 美元多得多的东西。

史狄芬是一家裁缝店的老板，由于他经营有道，裁缝店的生意很好。一天，一位叫哈里斯的贵妇人来到店里，要求赶做一套晚礼服。史狄芬做完礼服之后，却发现礼服的袖子比要求的长了半寸。不幸的是，他已经没有时间再进行修改了，因为哈里斯太太规定的时间已经到了。

当哈里斯太太来到店里取她的晚礼服的时候，她并没有发现有什么问题。她试穿上晚礼服，发现它为自己平添了许多气质，于是连连称赞史狄芬的高超手艺。不料，等她试完之后打算按照原定的价格付钱时，史狄芬却拒绝接受。于是，哈里斯太太问他为什么。

"太太，"史狄芬说，"我之所以不能收你的钱，是因为我犯了一个很大的错误——我把你的晚礼服的袖子做长了半寸。我很抱歉，我希望你能够原谅我。如果你能够给我一点时间的话，我将免费为你把它做成你需要的尺寸。"哈里斯太太听完话后，一再强调她对这件礼服很满意，而且并不在乎袖子长那么半寸。

但是，她并不能说服史狄芬接受这套礼服的钱，最后，她只得让步。

哈里斯太太回去对她的丈夫说："史狄芬以后一定会出名的，他认真的工作风格、精湛的技术、诚恳的态度使我坚信这一点。"

事实果然如此，史狄芬后来成为世界有名的服装设计师。

我们可以举出上千个这样的例子来。这个道理人人都懂，只是实行起来有一些困难罢了。要强调的是，如果你确实想要成功，就一定要勇敢地承认自己的错误。

使对方一开始就说"是"

伟大的苏格拉底是历史上赫赫有名的思想家。他所做的事情没有几个人能够做到。他彻底改变了人类的思想进程，同时也是最影响这个世界的劝导者之一。

他的方法是告诉别人他们是错误的吗？当然不是。他的方法被称为"苏格拉底辩论法"，就是以对方肯定的答复作为这种方法的辩论基础。他提出的每一个问题，都会得到别人的赞同；然后，他连续不断地获得肯定的答复；最后，反对者会在不知不觉中承认苏格拉底的观点而放弃自己的观点。

这是不是很神奇呢？是的，但是如果你愿意的话，你也可以做到。方法很简单，那就是记住一开始的时候，要不断地让对方说"是，是"，千万不要让他说"不"。

在跟人交谈的时候，不要一开始就谈论一些你们可能有分歧的事，你应该先强调你们都同意的事，并且需要不断地强调。然后，强调你们双方都在追求同一目标，试着让对方知道，即使你们有分歧，那也只是方法上的分歧，而不是目标上的。

先让我们来看一个例子。

纽约格林尼治储蓄所的出纳员詹姆斯·艾伯森是卡耐基训练班的学员，他曾经对这个策略深有感触。

"那天，"詹姆斯·艾伯森回忆说，"一个人走进来要开户，我让他先填写一些表格，其中有些问题他愿意回答，另外一些他根本不想回答。如果在以前，遇到这种情况，我会告诉这位顾客，如果他不向我们提供这些资料，我们就会拒绝为他开户。那样的'警告'使我很愉快，因为这好像在说只有我说话才算数。但是，显而易见，这样的态度将使我们的顾客有不被重视的感觉。

"因为上了训练班的有关课程，我决定不跟他谈银行的规定，而是谈顾客的需要。所以，我同意了他的做法。我告诉他，那些他拒绝填写的内容并不是绝对必要的。"

"'但是，'我引导他说，'假如你去世，你不希望把存在我们银行的钱转移给你的亲属吗？'

"'当然。'他说。

"'难道你认为，'我继续说，'将你最亲近的亲属的一些资料告诉我们，使我们能够在你万一去世的时候准确无误地实现你的愿望，不是一个很好的办法吗？'

"'是的。'他又说。

"就这样，最后他终于相信我们要这些资料的目的是为他好，他的态度就转变了。他不仅把他自己的全部资料告诉了我，还根据我的建议，开了一个信托账户，指定他的母亲为受益人，并爽快地填写了关于他母亲的详细资料。"

詹姆斯·艾伯森发现，一旦让那个顾客开始就说"是，是"，顾客便忘了他们之间的争执，并且愿意做詹姆斯所建议的事。

如果让人一开始说"不"，会有什么后果呢？我们来看看阿弗斯特教授在他的《影响人类的行为》一书中所说的一段话：

"一个'不'的反应，是最难克服的障碍。人只要一说出'不'，他的自尊心就会促使他固执己见。当然，也许以后他会觉得'不'是不恰当的，然而一旦他考虑到宝贵的自尊，他就会坚持到底。所以，一开始就让人对你采取肯定的态度极为重要。"

他接着说，人的这种心理模式显而易见。当一个人说了"不"以后，如果他的内心也加以否定，他全身的各个组织都会协调起来，一起进入一种抗拒状态；而反过来，如果他说了"是"，情况就会恰好相反——他的身体就会随之处于前进、接受和开放的状态，这将有利于改变他的看法或意志，使谈话朝积极的方向发展。

如果一开始的时候就使一位学生、顾客或你的孩子、妻子说"不"，那么，即使你有神仙般的智慧和耐心，也无法使那种否定的态度变为肯定。

而想得到对方的肯定其实并不难，人们只是忽略了如何去做。人们总是希望一开始对方就同意自己的看法，如果别人不同意的话，就急切地想驳倒对方，以获得对方的认同。他们或许认为这样做能够显示出自己的高明和突出。然而不幸的是，这种态度往往会适得其反。所以，最好的办法就是，一开始就让对方说"是，是"。

西屋公司的推销员雷蒙负责推销的区域内有一位富翁。雷蒙的前任和他花了 13 年的时间对这位富翁进行推销，但是直到最近，才使这位富翁答应购买了几部发动机。而当雷蒙再次去拜访他的时候，他却声称以后不会再订购西屋公司的发动机了，原因是他认为这些产品运行时温度过高，不能把手放在上面。

雷蒙知道如果与他争辩的话，无疑会是徒劳。于是雷蒙打算找出让对方说"是"的方法来。

雷蒙对那位富翁说："史密斯先生，我完全同意你的看法。如果我公司的发动机确实运行时温度过高的话，你不应该再买。你花了钱，当然不希望买到热量超过标准的发动机，是不是？"

"是的。"史密斯说。

"你知道，"雷蒙接着说，"电工行会的规定是，一架标准的发动机的温度不能比室内温度高 72 华氏度，是这样吗？"

"是的。可是你的发动机却高出了这一温度。"史密斯说。

"你工厂的温度是多少？"雷蒙问他。

"75 华氏度。"史密斯想了一会儿然后说。

"这就对了，"雷蒙笑着说，"75 华氏度加上 72 华氏度等于 147 华氏度。如果你将手放在 147 华氏度的水里，你会不会被烫伤呢？"

史密斯不得不说："会的。"

"那么，"雷蒙继续说，"我建议你最好不要把手放在 147 华氏度的发动机上面。"

"我想你是对的。"史密斯说。接着他们又谈了一会儿，最后，史密斯答应在下个月订购西屋公司 35000 美元的产品。

雷蒙总结说："我最后才知道，争辩不是聪明的办法。我们要站在对方的立场上去看问题，要设法让对方说'是，是'，这才是真正迈向成功的方法。"

牢记他人的名字

有钱人常常出钱资助那些穷困的作家、艺术家和音乐家。他们希望这些文艺家能够把作品献给他们，使他们的名字随着这些作品得以流传。在我们的图书馆和博物馆里，最有价值的艺术品往往由那些希望人们记住他们名字的有钱人捐赠。比如，纽约图书馆里有埃斯德家族与里洛克家族的藏书，大都会博物馆则保存着本杰明·埃特曼与 J.P. 摩根德的签名书信；而几乎每一个教堂里都镶嵌上了彩色玻璃，用来纪念那些捐赠者。

这说明人们总是非常重视自己的名字，并希望别人能够记住。

在记住别人的名字方面，富兰克林·罗斯福总统是一个典范。众所周知，罗斯福总统是这个世界上最忙的人之一。但是他知道记住别人名字的重要性，所以舍得花时间去记住那些人。

一次，克莱斯勒公司特意为罗斯福总统制造了一辆汽车，总经理张伯伦和一位机械师将这辆汽车开到了白宫。在张伯伦的信里，他记述了当时的情形：

"我教罗斯福总统如何驾驶一辆配置了许多特殊部件的汽车，而罗斯福总统也教给了我许多为人处世的道理。

"总统非常高兴我被召入白宫，他立刻就叫出了我的名字，这使我非常高兴。令我印象尤为深刻的是，他确实很注意我为他所做的说明。这辆汽车进行了特殊设计，非常完美，可以完全用手进行操作。

"总统说：'这辆汽车真是太完美了。只要按下这个按钮就可以开动它，而且可以毫不费力地进行驾驶。我不知道它是怎么工作的。我希望自己能有时间对它进行研究，看看

它是如何工作的。'

"当总统的许多朋友和同事都围在四周称赞这辆汽车时，他又当着大家的面对我说：'张伯伦先生，你设计这辆车花了大量的时间和精力，非常感谢你。这辆车简直太棒了！'

"然后，他又对车内的散热器、特制反光镜、时钟、特制的照明灯、椅垫的款式、驾驶座、刻有他姓名缩写字母的特制衣箱等加以赞赏——他注意到了每个细节，对于我所付出的心血给予了极大的褒奖。他还特意让罗斯福夫人、秘书波金女士、劳工部长等人注意这些部件。他甚至嘱咐他的黑人司机，对他说：'乔治，你可要好好照顾这些衣箱。'

"上完驾驶课程之后，总统对我说：'好了，张伯伦先生，我已经让联邦储备委员会的委员们等我30分钟了。我想我应该回去工作了。'

"我当时带了一位机械师。这位机械师是一个很害羞的人，在我们说话的时候，他总是站在后面。尽管他自始至终没有和总统说过一句话，而且总统也只听我介绍过一次他的名字，但出乎意料的是，当我们离开的时候，总统特意找到这位机械师，并与他握手，还叫出了他的名字，对他来到华盛顿表示感谢。我能感觉出来，他的感谢一点都不做作，而是真心诚意的。

"几天之后，我收到了一张罗斯福总统亲笔签名的照片，照片后面还附有简短的对我的帮助表示感谢的言辞。作为一位国家元首，罗斯福总统怎么会有时间来做这样的事情呢？这真的让我难以置信。"

罗斯福总统何以给张伯伦先生如此深刻而美好的印象呢？当然不是因为他是国家元首，而是因为他给了人一种被重视的感觉。为什么他能给人这种感觉？原因很简单：他非常尊重他们，并且记住了他们的名字。

作为一个政治家，记住选民的名字，往往是他的第一堂课；而如果忘记了他们的名字，你将会很失败。在每个人的事业和商业交往中，记住别人的名字也很重要。

得克萨斯州商业股份有限公司董事长班顿拉夫有这样的感触：公司越大，人们之间的关系就会越冷漠。他认为，记住别人的名字，是唯一能使公司氛围变得融洽的办法。

洛克帕罗是加利福尼亚州一家航空公司的空乘，她经常训练自己记住旅客的名字，并注意在服务时叫他们的名字。这使得旅客很亲切。有的旅客会当面表扬她，而有的则会写信到公司表扬她。有一封表扬信这样写道："我很久没有坐你们公司的飞机了。但是从现在开始，我决定以后只坐你们公司的飞机。你们亲切的服务让我觉得你们公司似乎是属于我个人的，这一点十分重要。"

大多数人常常不记得别人的名字，原因多数是他们没有注意到这件事情的重要性。现在，你既然已经知道记住别人的名字有多么重要，为什么还不花点时间和精力去做这件事情呢？拿破仑的侄子——拿破仑三世曾经说："虽然我很忙，但是我不会忘记所听过的每个人的姓名。"

这不是因为他的记忆力很强，而是因为他的方法非常好。其实，他的方法十分简单。如果他没有听清楚对方的名字，他就会请求对方再说一遍；如果这个名字不常见的话，他会请求对方把这个名字拼写出来。而在谈话的过程中，他会将对方的名字反复记忆，并把它跟其长相、外表和其他特征结合起来。会见完毕，他通常会把那个名字写下来，然后盯着它看很久，直到确认自己已经牢牢地记住了它才肯罢休。这样一来，当然记得很牢了。

这样看来，记住别人的名字的确需要花一些工夫，但是这显然是值得的。爱默生说过："礼貌，是由小小的牺牲换来的。"如果你打算融入这个社会，成为交际场上成功的人，这点牺牲又算得了什么呢？

下　篇
不同场景下的说话艺术

第一章　求职面试时的说话艺术

不要小看自我介绍

在求职面试时，考官一般都要你先做个自我介绍。看似简单的一个问题，但如果处理得不好，就会全盘皆输。所以为了使用人单位全面、具体了解你自己，应真实地向对方介绍自己的情况，即介绍与求职有关的、最主要的情况。与此有关的要介绍清楚，不要遗漏；与此无关的则不必介绍，以防眉毛胡子一把抓，反而冲淡了主要内容。

介绍自己的情况时一般包括以下几方面：

1.一般情况。如姓名、年龄、工作或学习单位、家庭住址等。

学历及工作经历。

2. 职业情况。将所从事工作的内容、时间、职务、效果、评价一一说清。

3. 其他情况。凡不属以上三方面的内容而又有必要加以介绍的情况，都可分小项介绍，如家庭成员、与本人的关系，也可专门介绍你的爱好和特长。

另外，如果对求职有什么要求，也可以专门介绍。

为了使录用单位更全面地了解自己，将自己的基本情况整理好，介绍出来，是一项重要的、必不可少的工作。

除了介绍自己的基本情况外，还可以适当地将自己的能力和才干表现出来。

求职者总要想方设法把自己的能力和才干表现出来，让招聘者了解自己。然而，表达自己的能力和才干也是一门艺术，如果一味地平铺直叙，大讲特讲自己比他人如何如何好，恐怕会给人自吹自擂不谦虚的印象，所以，在说出自己的能力后应做些补充说明。如果有条件的话，即使不补充，也可以让事实来说明问题。

某电信公司在招聘考试时，发现一位叫柳杉的应试者在校成绩不太好。

主考者问道："你的成绩不大好，是不是不太用功？"

柳杉回答说："说实在话，有的课我认为脱离实际，所以把时间全花在运动上了，所以身体特别好，还练就一身好功夫。"

主考者很感兴趣，让他表演一下，柳杉脱下衣服，一口气做了100多个俯卧撑，使主考者大为吃惊，立即录用了他。

有时稍稍抬高自己也是必要的。面谈者当然知道你不会"自道己短"，但别扯得太远，"吹嘘自己"时只要谈谈有关工作方面的内容即可，而且千万要记住要用具体例子来做支持。

比如说，你说"我和其他工作人员关系很好"时，别说到这里停止了，还要举一些具体事例来加以陈述，如"我总是和我的工作伙伴和属下有着相当融洽的关系，而且我也跟从前每一位上司都成为好朋友。"

妙对面试官的陷阱问题

求职面试时，面试官经常设下圈套，以判断求职者的心理素质、反应能力等，稍有不慎，就会落入圈套，以致全盘皆输。常见的陷阱问题有：

压力问题

在求职面试时，有些主考官会故意提出一些问题，让你处于不利的境况。如果回答得好你就可以顺利通过面试，否则只有失败的份儿。那么我们一起看看下面这个例子：

在一次面试中，考官对一位少女考生前面问题的回答非常满意。最后，一位考官对她说："你是一个很漂亮的女孩，但是我们发现你脸上有不少雀斑，你觉得这会对你的面试有影响吗？"面对这种故意设置的压力问题，该女孩的回答非常精彩：

"我是来面试的，今天主要考察的应该是能力，我想各位老师坐在这里也肯定是为选材而不是选美，如果各位是来选美的，我想我不合适，但如果是选材，我相信自己是人才。"

女孩非常自信，没有因为被问及自己的缺点而丧失信心，相反，回答得有理有据，没有正面回答缺点对面试是否有影响，而是从另外一个角度阐述，把问题交给考官，任其选择，获得成功。因此，当被问及自身缺点时，不要慌张。回答时可以扬长避短，突出自身优势，减少缺点带来的影响。

迷惑问题

面试时，有些问题并非面试官的本意，他们只是在试探你，看看你有何反应，面对这些迷惑性的问题时你可要提高警惕。

在一家企业面试中，张雷凭借自己的实力已经通过了笔试和第一次面试，在最后一次面试过程中，考官突然问道："经过了这次面试，我们认为你不适合我们单位，决定不录用你，你自己认为会有哪些不足？"面对考官的问题，张雷回答道：

"我认为面试向来是 5 分靠实力，5 分靠运气的。我们不能指望一次面试就能对一个人的才能、品格有充分的了解和认识。通过这次面试，我学到了很多东西，也发现了自己的不足——既有临场经验的不足，也有知识储备的不足。希望以后能有机会向各位考官讨教。我会好好地总结经验，加强学习，弥补不足，避免在今后工作中再出现类似的问题。另外，希望考官能对我全面、客观地进行考察，我一定会努力，使自己尽量适应岗位的要求。"

其实，考官这是在考察你的应变能力，并非真的对你不满，如果他们认为你不合适的话，是不可能再问你问题的。因此，要沉着应付，不要中了圈套而暴露自己的弱点，回答时可以虚一点，把重点放在弥补弱点上，这可以看出你积极进取的品质。另外，要诚恳地向考官讨教，以博取他们的好感。

刁钻问题

在面试时，经常会碰到一些刁钻问题，如果一板一眼地回答，很容易让自己处于劣势。这时你不妨以刁制刁。

在一次公司求职面试中，某主考官见一位湖南来的小马先生知识渊博，思维敏捷，各类问题都对答如流，便突发异想，抛开原定题目，出了一道偏题："朱自清的散文《春》，尽人皆知。请你回答这篇文章一共多少字？"这下可真把马某考住了。他暗想，主考出此题目未免脱离常规，既然有意刁难，录取必然无望，就不管一切，大胆反问："主考官的尊姓大名，天天目睹手写，也已烂熟，请问共有几笔？"主考官想不到应考者竟会有如此反问，一时愣住。事后，主考官十分赏识马某的才能和胆识，于是亲自录用。

有些问题过于刁难，而且实在无法回答，不妨反戈一击，反问对方，可能会起到意想不到的效果。不过，切记要保持微笑，以礼待人，因为考官只是在考察你的应变能力而非真的刁难你。

两难问题

有些问题，如果只简单地回答"是"或"不是"，强调一方面的话，很难让自己顺利通过面试，这时不妨采用折中的回答方式，在两者兼顾的基础上强调重点。

在一次公司招聘面试中，考官突然对一位应聘者提出这样的问题："你对琐碎的工作是喜欢还是讨厌，为什么？"对于这个两难问题，若回答喜欢，似乎有悖现在知识青年的实际心理；若说讨厌，似乎每份工作都有琐碎之处。因此，小梁在思考过后回答道：

"琐碎的事情在绝大多数工作岗位上都是不可避免的，如果我的工作中有琐碎事情需要做，我会认真、耐心、细致地把它做好。而且，我刚到一个单位，情况还不十分熟悉，通过做小事，可以熟悉工作，熟悉单位，尽快进入角色。不管是什么学历，都要从小事做起，甘当小学生。一屋不扫，何以扫天下？只有把小事做好，才能让领导信任，才有机会做大事。"

其实，考官并不是真正考察你到底是否喜欢做琐碎的工作，其真正的目的在于"工作态度"。小梁的回答，委婉地表达了大多数人的普遍心理——不喜欢琐碎工作，又强调了自己对待琐碎工作的敬业态度——认真、耐心、细致。既真实可信，又符合对方的用人心理，是个很好的回答。因此，对于这种两难问题，可以采取避实就虚的方法，不要从正面回答问题，而从多角度分析回答。

测试式问题

有些问题，看似让你回答，实则是在测试，比如：诚实、信用等。面对这些问题，你要三思而后行。

谢元在应聘某家公司财务经理一职时，被问道："作为财务经理，如果总经理要求你一年之内逃税 100 万元，你会怎么做？"因做过很多财务工作，谢元深知工作中的要求规则，于是很快地回答："我想您的问题只能是一个'如果'，我确信像贵公司这样的大企业是不会干违法乱纪的事情的。当然，如果您非要求我那么做的话，我也只有一种选择：辞职。虽然能够在贵公司工作是我一心向往的，但是无论什么时候，诚信都是我做人的第一原则。我不能为了留在公司工作而违背良知、违背工作准则。"

面对这类问题，如果你抓耳搔腮地思考逃税计谋，或者思如泉涌地立即列举一大堆方案，都会中了考官的圈套。实际上，考官在这个时候真正考核的不是你的业务能力，而是你的商业判断能力及商业道德方面的素养，遵纪守法是员工最基本的要求。谢元的回答非常精彩，既遵循了原则，又突出了诚信。

诱导式问题

面试时，有些考官会诱导你做出错误的回答，如果你中了圈套，你也就与工作无缘了。

王飞是一名大学毕业生，在一次公务员面试中，考官问道："你认为金钱、名誉和事业哪个重要？"王飞面对这种诱导式的语言陷阱，回答道："我认为这三者之间并不矛盾。作为一名受过高等教育的大学生，追求事业成功当然是自己人生的主旋律。而社会对我们事业的肯定方式，有时表现为金钱，有时表现为名誉，有时二者均有。因此，我认为，我们应该在追求事业的过程中去获取金钱和名誉，三者对我们都很重要。"

这个问题，好像是一道单项选择题，它似乎蕴涵了一个逻辑前提，即"这三者是互相矛盾的，只能选其一"。实则不然，切不可中了对方的圈套，必须冷静分析，可以明确指出这种逻辑前提条件不存在，再解释三者的重要性及其统一性。对于这种诱导式问题，不能跟随考官的意图说下去，以讨好考官。这样做的结果只能给考官"此人无主见，缺乏创新精神"的感觉。

工作经验问题

"你的相关经验比较欠缺，你怎么看？"如果回答"不见得吧"，"我看未必"或"完全不是这么回事"，那么也许你已经掉进陷阱了，因为对方希望听到的是你对这个问题的看法，而不是简单、生硬的反驳。

对于这样的问题，你可以用"这样的说法未必全对"，"这样的看法值得探讨"，"这样的说法有一定的道理，但我恐怕不能完全接受"为开场白，然后婉转地表达自己的不同意见。面试官有时还会哪壶不开偏提哪壶，提出让求职者尴尬的问题，如："你的学习成绩并不很优秀，这是怎么回事？""从简历看，大学期间你没有担任学生干部的经历，这会不会影响你的工作能力？"等等。

碰到这样的问题，有的求职者常常会不由自主地摆出防御姿态，甚至狠狠反击对方。这样做，只会误入过分自信的陷阱，招致"狂妄自大"的评价。而最好的回答方式应该是，既不要掩饰回避，也不要太直截了当，可用"明谈缺点，实论优点"的方式巧妙地绕过去。

比如说，当对方提出你的学习成绩不很优秀时，你可以坦然地承认这点，然后以分析原因的方式带出你另外的优点。如，在校期间学习成绩之所以不很优秀，是因为我担任社团负责人，投入社团活动上的精力太多。虽然我花在社团的心血也带给我不少的收获，但是学习成绩不是最优秀，这一点一直让我耿耿于怀。当意识到这一点后，我一直在设法纠正自己的偏差。

业余时间问题

"你怎样消磨休闲时间？包括星期天、节假日、每天晚上，当你参加聚会时，你是喜欢独处，还是喜欢出风头？请谈一谈你最要好的朋友？你选择朋友时，一般考虑哪些因素？"

诸如此类问题看似在问一些有关生活的轻松话题，实意在考察你人际交往能力和与人相处的技巧。对于这类问题，你不必拘泥于自己的实际情况，可以适当加以修饰，一般来说大多数人都愿意和开朗、热情大方、善解人意的人交朋友，而不愿意与那些过于清高、气量狭小、毫无生活情趣的人在一起。

离职原因小心说

"你能说一说离开原单位的原因吗？"这类问题在面试时经常会被问及，面试考官能从中获得很多有关你的信息。因此，求职者面对这个看似简单的问题，回答时切不可掉以轻心。对于一些普遍性的原因，如"大锅饭"阻碍了自身的发挥、上班路途太远、专业不对口、结婚、生病等人们都可以理解的原因，是可以如实道来的。而对下面一些原因就要慎之又慎了，否则，很有可能使你的面试陷入僵局。

关于上司的问题

对你的前任上司切不可妄加评论，要知道现在招聘你的考官可能就是你未来的上司，既然你可以在他面前说过去的上司不好，难保你今后不在上司面前对他说三道四。一个人要在社会中生存，就得与各色各样的人打交道，挑剔上司说明你对工作缺乏适应性。

其实主考人心里有数，知道许多人是因为讨厌上司而辞职不干的，他们自己也可能因为同一原因换过几次工作。但是没有多少雇主喜欢听这种话。

惠普公司的副总裁麦克·李弗尔说："我想不通为什么有些人希望我录用他，却又去谈他和上司有冲突。那等于拉起了警报。"然而，如果你真是因为上司太难应付而辞职，就应该委婉地告诉主考人，这比直接说出来好得多。要说得得体，保持冷静。

刘婷是一位很有工作经验和工作能力的女秘书。当招聘她的女经理问她："小姐，你人这么美，学历又高，举止又优雅，难道你原来的上司不喜欢你吗？"刘婷微笑着说："也许正因为美的缘故，我才离开原来的公司。我宁愿老板事多累下人，也不希望他们'情多累美人'。我想在您手下工作，一定会省去许多不必要的累。"刘婷并没有说"老东家"的好与不好，但一句"情多累美人"既让人同情也让人爱怜。结果刘婷很顺利地走上了新岗位。

如果你只是因为领导层频频换人而辞职，而领导本人并无问题，这个原因你也不可以随便讲出。因为很明显，工作时间，你只管做自己的事，领导层中的变动与你的工作应该是没有直接关系的。你对此过于敏感，也表现了你的不成熟和个人角色的不明确。

关于人际关系的复杂

现代企业讲求团队精神，要求所有成员都能有与别人合作的能力，你对人际关系的胆怯和避讳，可能会被认为你心理状况不佳，处于忧郁、焦躁、孤独的心境之中，从而妨碍了你的从业取向。

关于工作压力太大

在这个快节奏的现代社会，无论是在企业内部还是在同行业之间，竞争都很激烈。竞争不仅来自社会压力，同时也要求员工处于高强度的工作状态。如果你动不动就说，在原单位工作压力太大，很难适应，很可能让现在的招聘单位对你失去信心。

李强原是某经济报专刊部记者，报社不仅要求记者一个月完成多少字的文稿，而且还要负责拉广告。中文系毕业的他对家电、电脑市场行情一窍不通，要写这方面的文章，感到压力太大。于是他到商报应聘新闻记者。负责招聘的考官问他："你是否觉得在经济报社的工作压力太大？我们社的工作压力也不小的，你可以承受吗？"李强说："作为年轻人，工作压力大点没关系，最重要的是希望找到能发挥自己专长的工作岗位。"结果李强如愿以偿进了商报社，文章也频频得奖，很快当上了新闻部主任。

竞争过于激烈

随着市场化程度的提高，无论是在企业内部还是在同行之间，竞争都日益激烈，需要员工能适应在这种环境下干好本职工作。

关于你想换行业的意愿

洛杉矶的招募经理霍华德·尼奇克告诫说："不要直接说'我想试一试另一份工作。'我听了会这么想：'此人对自己的方向都没搞清楚。'"你应该说，以你的能力、个性和志向，做这项工作更适合；或者说，你想"添加"一些能助你取得更大成就的新经验。

你可以从几个方面来说，一方面是自己的专业基础，例如会计事务所其实很欢迎工科的学生，因为他们对数字很敏感，曾经的工作经验、社会活动、个人感受，说明你对这个职位的了解；另一方面告诉考官你的性格，正是这样的性格适合这个工作；此外，再把你的兴趣与工作联系起来就使这个回答更加圆满了。

让对方看到你曾经的辉煌

在人才市场上，那些工作能力强，或对所从事的职业怀有很高的热情，或富有自信心，或办事果断刚毅，或为人处世老成持重，或擅长社交，或对从事的工作孜孜不倦，或者以前的工作硕果累累的求职者往往受到用人单位的青睐。求职者在面试时可以从以前的工作中挑出几个具体的例子来说明自己有很强的办事能力，那些能适应瞬息万变的社会的职员是最受上司宠爱的。

某市一家外企急欲招聘一名总经理助理，招聘广告刊出后，来求职的人络绎不绝。这家公司经过笔试的筛选后，淘汰掉了100多名的求职者，剩下的5名应聘者必须参加面试，以确定最佳人选。100多名的求职者围猎一个职位，竞争可谓激烈而残酷。通过最后的一道关卡——面试后，公司录用了来自河北大学的一名研究生，这位研究生怎样成功地展露自我，推销自我呢？下面是他求职面谈的一些片段：

招聘人员："你认为作为一名总经理助理，应具备什么样的素质？"

求职者："他应当具备必要的经营管理能力和协调上、下级之间关系的能力，此外，他还应当具备基本的财务预算、决算、审计等方面的知识和才能，较为熟悉有关的法律法规等。"

招聘人员："你有过管理企业的实践经验吗？"

求职者："在攻读硕士学位期间，我曾在某合资企业担任过兼职部门经理，代表公司同十几家外国企业进行商业谈判，成交贸易额达数百万元。"

招聘人员："你具备较扎实的财务核算技能和有关的经济法律知识吗？"

求职者："我在读研究生一年级期间即参加了全国律师资格考试，并以高分的成绩顺利通过这次考试。二年级又一次参加了全国注册会计师资格考试，并全部通过4门考试科目（他向招聘人员出示两个资格证书）。此外，我还在兼职的那家合资企业协助有关会计人员搞过几次财务预算、决算工作。"

招聘人员："你的外语水平如何？"

求职者："我的外语读、写基本上没有问题，能翻译一般的外文、文章、书信、函电等，口语较好，已通过了英语六级考试，这是证书（求职者又向招聘人员出示了英语六级证书）。"

随后，招聘人员对求职者用英语进行单独的会谈，并当场让这位研究生翻译一些商贸函电和外文书信，他很快便完成了公司交代的任务。最后，公司聘用他担任总经理助理职务。

如果你才华出众，业务能力强，但却没有在求职面试中展现给对方，那也是白费力气。同时，面试只有短短几十分钟，乃至几分钟，在如此短暂的时间里让对方看到你曾经的辉煌是件不容易的事，不掌握一定的说话技巧是很难圆满成功的。

要求薪酬时只给个"提示"

有工作经历的人在求职面试中，也许都碰到招聘者提出这样的问题：你对薪酬有什么要求？一个人的薪酬是与其能力、作用、表现和贡献等息息相关的。在用人单位尚未了解你上述情况时，开价过高，难以被用人单位接受；开价过低，吃亏的又是自己。

一种办法是在听到有关薪酬的提问时，顾左右而言他，"打太极拳"，如"我相信公司会根据我的业绩给予合理报酬，以体现多劳多得的原则"，或"钱不是我唯一关心的事。我想先谈谈我对贵公司所能做的贡献——如果您允许的话"等，这样将球又踢了回去。

谈薪酬不能像其他谈判那样，一味设法提高对方开出的条件，而对方就只顾压低你的价钱。把原来和谐的气氛弄成敌对的局面，这对你实在没有好处。

一种办法是，在协商过程中，如果用人单位要你开价，可告诉其一个薪酬幅度。如他一定要你说出个明确数目，可问他愿意付多少，再衡量一下自己能否接受。

小宫是某大学的优秀毕业生，毕业后应聘到一家投资公司做助理。在最后谈工资的时候，投资公司的经理问道："小宫啊，你想拿多少工资啊？"说实话，小宫当时就有点蒙了，作为一个应届毕业生，没工作经验，根本就没有可以比较的，也不太清楚经理的意思。小宫想了想，笑着说："主任你看呢？你说给我多少啊？"主任又说："像你们这样刚毕业的助理一般就是2000多元吧！"小宫随后说道："那大致上就2000～3000之间吧！和市场挂钩啊！您看怎么样？"小宫使用比例方法，不容易把话说死，留有回旋余地。

每个雇主在心里对薪水的上下限度都有个数，凭着手头掌握的你所不知的内情，他们经常会在那个限度内自由调整。当你不知道对方是怎样想的时候，你往往容易自降身价，这岂不正中其下怀？所以呢，在你提出任何薪水要求之前，请务必搞清它的大致价位，以退为进提出反问，如："我愿意接受贵公司的薪酬标准，不知按规定这个岗位的薪酬标准是多少？"这样，不但没有露出自己的底，反而可以摸清对方的底。假如它低于你的心理价位，你就定一个比你现在的薪水高至少10%～20%的价。总之，你必须得先开价，而且勿将底线定得太低。

还有一种说法是以退为进。虽然工作机会是很重要的，但是如果自己的要求实在不能得到满足时，采取以退为进的方法，或许能够让对方重视起来，认真考虑你的要求。当然，即使拒绝对方，也要为协商留有余地。如果雇主需要你，他会乐于满足你的要求。

为减少讨价还价的盲目性，可到其他同类公司询问职位空缺情况和大概的薪酬标准，以便自己心中有数。同时别忘了，福利也是你应得的报酬，如医疗保险、公积金、带薪休假和年底分红等。

薪酬的交谈一旦出现僵局，不妨把话题转移到有关工作的事情上。例如，对方有心压低你的薪酬，就可将话题转移到你上任后有何大计，如何扩大市场占有率、如何降低产品成本等，那样原来紧张敌对的状态，很快便会变成同心协力的局面。

求职面试说话五忌

求职面试时，一定要注意说话方式，否则会让你与工作失之交臂。一般而言，求职面试时有以下五大忌讳：

狂妄自大，目中无人

求职看文凭，工作靠能力。用人单位在不了解求职者能力时，文凭是一块敲门砖。某科技有限公司急需招聘高级软、硬件工程师各一名。刚毕业于北方一名牌大学计算机专业的杨言看到广告后前去应聘。他拿出烫金的毕业文凭，颇为自信地对主考官说："我是名牌学府本科生，英语六级。读大学期间，对数字通信产品的软硬件开发有特别的研究，尤其是有较强的数字逻辑学电路设计能力，能熟练地运用汇编语言和 C 语言编写软硬件驱动程序，只需要用我一个人，就能解决贵公司的一切难题，确保科研项目上水平、上台阶。其他的人在我到后一周之内，全部可以辞去……"

在讨论是否录用杨言时，公司有关方面的负责人意见一致：杨言在求职时，虽然文凭占有一定优势，但他出言锋芒毕露，情绪偏激，不具备一名科研工作者所必需的涵养和风度。其次，杨言刚出学堂，连一点实践经验都没有就夸夸其谈，目中无人，缺乏现代企业所需要的团队合作精神。因此，杨言自然就落聘了。

唯唯诺诺，缺乏主见

求职者适度、得体的恭维招聘者可以拉近二者之间的距离，让考官对你的谈话产生一定的兴趣，但这并非意味着你不能独抒己见、表露自我。部分求职者，面对正襟危坐的招聘考官，想到山外有山，天外有天，不敢谈想法说主张，面试时一味地唯唯诺诺，完全把自己置于一种被动受审的境地。也许他们认为，这样才可以避免恃才傲物、倚才轻上的人才通病，从而给考官留下"服从领导""尊重上司"的印象。其实不然，你如此"表现"只能让考官觉得你缺乏主见，奴性十足。

不懂"包装"，我卖你买

"包装"原是演艺界一个挺时髦的名词。求职者倘若能把求职语言也进行一番精美而富有创意的"包装"，那么，求职成功的机会就会大大增加。

A 和 B 条件基本相同，都从同一公司辞职出来，又同时到一家私营公司应聘。初试都顺利通过。有趣的是，复试时，人事经理问到两人一个同样的问题："你为什么离开你原来的那家公司？"B 抢先回答："原来那家公司的老板是一个昧良心的，一个彻头彻尾的虐待狂，我不想再给他卖命了！"A 却心平气和，用一口标准得让人感动的普通话说道："其实，老板能否留人的关键不完全在薪水的高低，能否人尽其才，用人不疑，充分挖掘每个员工的聪明才智，我想这才是关键，同时也是我到贵厂的希望所在。"结果可想而知。求职和招聘不是简单的"我卖你买"的生意，语言出口时，讲究一点"包装"，它会给你的求职路锦上添花。

君子一言，毫无回旋

常言道，"君子一言，驷马难追"，但在求职时，倘若果真如此，十有八九，谈砸走人。招聘官大多对人才进行这样的攻心术：薪酬不高，待遇偏差，实则压价再压价，要你"物美价廉"。作为求职者，此时你不要一口回绝，也不要满口答应，可以留一个回旋的余地，同时又可以稳住对方，给对方一些希望，让他觉得你是此次招聘的合适人选。

自惭形秽，胆气不足

一次专场招聘会上，一家儿童玩具公司"诚聘美术设计师"的广告前人头攒动。何湘看到一拨拨高兴而来扫兴而归的应届中专生同胞，既同情又气愤。她终于挤到考官面前，递上了自己的毕业证书，没料到考官看都没看一眼："你是毕业于哪所名牌院校？你有创意经验吗？"

何湘面对这样一位刻薄的考官毫不友好地发问，她绵里藏针："我想请问考官，比尔·盖茨是不是毕业于名牌的哈佛大学？谈到经验，总统是不是要曾经当过的才行？"

当考官又因为何湘的专业不对口进行挑剔时，何湘亮出自己的获奖证书和创意作品，胆气十足："我要见见贵公司的老总！他一定欢迎复合型的人才。"考官不禁大吃一惊，用一种新奇的眼光打量着这样一位与众不同的求职者，并请她谈谈自己的优势在哪里。"我虽非专业人才，但我的思维没有定势，灵感往往要超过内行。"何湘出色的表现最终让主考官满意了。

学历不高又无经验的应届毕业生，求职场上千万不要自惭形秽，千万不要被广告上的条件吓跑，企业招人，重学历更重能力。鼓起勇气，亮出你的"绝活"，最终你就胜券在握了！

对于初次找工作的毕业生来说，如何面对用人单位的选择，如何与企业的招聘人员沟通，如何让自己在众多的求职者中脱颖而出，都是他们所要面临的问题。

第二章　寻求帮助的说话艺术

在激将法上做文章

激将法是别人在不愿表态、讲话时，用来引发其讲出话来的一种有效方法，借以打开对方的"话匣子"。在外交，商务谈判中经常用到这种方法，在适当的时候也不妨用一下这种方法，以一语刺激对方做出有利于己方的反应。按激将的内容、形式可分为：反语式激将法、贬低式激将法及彼式激将法 3 种主要类型，在办事时使用这 3 种方法往往能起到事半功倍的效果。

（一）反语式激将法

是以正话反讲，用故意扭曲的反语信息和反击的语气表述自己的意念，以激起对方发言表态，达到预期目标的方法。一家中外合资公司的总裁与一家乡镇企业厂长的洽谈正体现了反语式激将法的妙处。

厂长："总裁先生赢利的魄力，的确比我们这些乡下人大得多，简直是一个大如牯牛，一个小如毫毛。这么大的魄力，虽然让我们佩服，但我们实在不敢奉陪，只能收回土地，停止合作。"

总裁："好吧，我再让利一成。"

厂长："不行，按我方投资比例，应当让利两成。"

总裁："行，本公司原则上同意。"

厂长不说对方"黑心贪利"，而说其反语"魄力大"，又以"不敢奉陪"的"哀兵"战术以退为攻，激发对方让步。

（二）及彼式激将法

是以一种推己及人、将心比心的心理效应，激发对方做角色对换，设身处地同意他人的语言反馈。

及彼式的激将成功，正在于由己及彼，再由彼及己的有效反应。

（三）贬低式激将法

这是说话人的一种善意贬低他人，促使发话生效，从而达到效果的言语激将方法。

某厂改革人事制度，招聘车间主任，工人们都希望一位年轻有为的技术员受聘，可这位技术员就是犹豫不决。一位老工人冲着他当众发了言："我说你啊，厂里花了上万元送你上大学，学了一手本领，连个车间主任都不敢当，真是窝囊废！"结果这个技术员在一激之下，终于揭榜出任了车间主任，果然不负众望。后来，他在一次授奖表彰大会上谈体会时说："厂里出钱培养我，车间广大工人师傅信任我，我怎么能甘当一个窝囊废呢！"

我们常说，某某的嘴很甜，某某真会说话。其实说的是这个人能够恰如其分地夸奖或称赞他人。为了拉近彼此间的心理距离，让对方能顺利地答应你的要求，办成事，我们不妨称赞他几下。那么怎么样才能够恰如其分称赞他人呢？

人们发现，自我意识强，警觉性高的人，老于世故，难以相处。遇到这种人，不妨投其所好，因为对他说几句好听的奉承话于己无损。切忌过火，也切忌过分，短短一触，有时并不能得到预期效果，要做到让对方自己入壳，逐步陶醉，逐步忘我，得意扬扬。

被人过分地夸奖，最初你可能有酥痒酥痒的感觉，稍稍过后，便会越想越不对劲，简直有被揶揄、有立刻予以否定的冲动。愈是在自己受人过分赞美时，愈感到自己不被了解，甚至有种被他人捉弄的感觉。

不要过于直截了当，例如说"你是这么聪明的人，一定难不倒，能不能告诉我答案。"让对方觉得你的主要目的不是赞美，别人更容易相信你的赞美。

有时候赞美对方的成功效果更好。与其赞美对方的容貌，不如赞美对方的品位和能力。因为品位和能力是自己后天培养出来的，而容貌却是父母给的，不是自己的成功。例如说"你的身材很好"，就不如说"你的穿着非常得体"。

注意赞美不能过多，赞美话过多，对方会觉得不自在，也会认为你惯于使用花言巧语，因而不信任你。赞美得过多，还会妨碍谈话。例如你频频跟对方说"你真漂亮"或"你好聪明"，对方就得频频表示客气，或者频频回报你的赞美话，你们之间的谈话就往往无法进行下去。

赞美话要有新意，例如有一头秀发的女孩最常听到的赞美话是"你的头发好漂亮！"而如果你说："你的一头乌发配上一双明亮的眼睛，真是太吸引人了！"这就有新意了。

在对方想听到赞美话时，不要令其失望。例如你的朋友对你说："我昨天买了一套西服，你看怎么样？"这时即使你觉得不以为然，也千万别说"不怎么样"或者什么别的话。你应该说："难怪你一进来，我就觉得你今天怎么特别的精神。"

对方的名字是赞美的话题，如果别人刚刚介绍你认识对方，这时你不妨赞美一下对方的名字如何如何。这样会使对方觉得你对他很有兴趣。

不必说话也可表示赞美，眼光注视对方，流露出正在倾听对方讲话的表情，会让对方意识到自己的重要，这是"无声胜有声"式的赞美。

留心对方的反应，当对方听到你的赞美显得不自在或不耐烦时，就不要再说下去了。

谈话中避开自己

寻求帮助时，只有让对方感到高兴才能让其爽快答应，把事情办成。那么，让其高兴的方法之一就是多谈论他，而少谈论自己。

人们最感兴趣的就是谈论自己的事情，对于那些与自己毫无相关的事情，多数人会觉得索然无味。对你来说是最有趣的事情，常常不仅很难引起别人的共鸣，甚至还会让人觉得可笑。

年轻的母亲会热情地对人说："我的宝宝会叫'妈妈'了！"她这时的心情是很激动的，可是，旁人听了会和她一样地高兴吗？谁家的孩子不会叫妈妈呢？你可不要为此而大惊小怪，这是很正常的事情，如果孩子不会叫妈妈才是怪事呢。所以，在你看来是充满了喜悦的事，别人不一定会有同感。

竭力忘记你自己，不要老是谈你个人的事情，你的孩子，你的生活，以及你的其他的事情。人们最喜欢谈论的都是自己最熟知的事情，那么，在交际上你就可以明白别人的弱点，而尽量去逗引别人说他自己的事情，这是使对方高兴的最好方法。你以充满了同情和热诚的心去听他叙述，你一定会给对方留下最佳的印象，并且他会热情欢迎你，热情接待你。

在谈论自己的事情时，和人较真或争辩等，都是不明智的表现，不利于达到求人办事的目的。但还有一样最不好的，就是在别人面前张扬自己，在一切不利于自己的行为中，再也没有比张扬自己更愚笨了。

例如，你对别人说："那一次他们的纠纷，如果不是我给他们解决了，不知要闹到怎样，你们要知道，他们对任何人都不放在眼里的，不过当着我面前，就不敢妄动了。"即使这次的纠纷的确因为你的排解而得到解决，可是如果你只说一句，"当时我恰巧在场，就替他们排解了"的话，不是更使人敬佩？这一件值得称赞的事情被人发觉之后，人们自然会崇敬你，但如果你自己夸张地叙述出来，所得到的效果恰恰相反，人们会认为你在自吹自擂，大家听了你的自我夸奖，反而会轻视你。

一句自我夸奖的话，是一粒霉臭的种子，它是由你的口里播种在别人的心里，从而滋长出憎恶的芽。

爱自我夸大的人，是找不到好朋友的，因为他自视甚高，鄙视一切，不大理会别人的意见，只会自己吹牛。他一心只想找那些奉承和听从他的朋友。他常自以为是最有本领的人，如果他做生意，他觉得没有人比得上他；如果他是艺术家，他就觉得自己是一代大师；要是他在政治舞台上活动，他会觉得只有他自己是救世主。你自己若是具有真实本领，那些赞美的话应该出自别人的口，自吹自擂，其结果是自己丢脸面。

凡是有修养的人，必定不会随便说及自己，更不会夸张自己，他自己很明白，个人的事业行为在旁人看来是清清楚楚的，没必要自己去说，人们自会清楚。

请你不必自吹自擂，与其自己夸张，不如表示谦逊，也许你以为自己伟大，但别人不一定会同意你的看法。好夸大自己事业的重要性，间接为自己吹擂，纵使你平日备受崇敬，别人听了这些话也觉得不高兴。世间没有一件足以向人夸耀的事情，自己不吹擂时，别人还会来称颂，自己说了，人家反而瞧不起了。

千万不要故意地与人为难，有的人专门喜欢表示自己与别人意见不同。如果你说这是黑的，他就硬说这是白的，如果下一次你说这是白的，他就反过来说这是黑的。这种处处故意表示自己与别人看法不同的人，和处处随声附和的人，一样都是不老实的，会被人看不起，甚至被人们所憎恶，是不忠实的朋友，试想一下，谁会为这样的人办事呢？

寻求帮助时动之以情

当我们有求于人时，如果别人用一般理由来搪塞拒绝，我们往往会发现对方其实没有经过深思熟虑，只是因为一些细小的原因而做出了拒绝的决定。如果我们能帮助对方分析现状，用真情打动对方，对方一般会欣然相助。

20世纪80年代初，引滦入津工程正在加紧进行。担负隧洞施工任务的部队因炸药供应不上，可能停工和延误工期。部队领导心急如焚，派李连长带车到东北某化工厂求援。李连长昼夜兼程千余里赶到该厂供销科，可是得到的答复只有一句话："现在没货！"他找厂长，厂长很忙，没时间听他陈述，他就跟进跟出，有机会就讲几句，但厂长不为所动，冷冷地说："眼下没货，我也无能为力。"厂长给他倒了杯茶水劝他另想办法。李连长并不死心，他喝了口茶，说："这水真甜啊！天津人可是苦啊，喝的是从海河槽里、各洼淀中集的苦水，不用放茶就是黄的。"他瞥见厂长戴的是天津产的手表，就接着说："您也是戴的天津表！听说现在全国每10块表中就有1块是天津的，每10台拖拉机中就有1台是天津的，每4个人里就有1个人用的是天津的碱。您是办工业的行家，最懂得水与工业的关系。造1辆自行车要用1吨水，造1吨碱要160吨水，造1吨纸要200吨水。引滦入津，解燃眉之急啊！没有炸药，工程就得延期。"厂长一听，心中受到触动，就问："你是天津人？""不，我是河南人，也许通水时，我也喝不上那滦河水！"厂长彻底折服了。他抓起电话下达命令："全厂加班3天！"3天后，李连长带着一卡车炸药返程了。

能跳出自己的狭小圈子，而从对方内心深处的角度去说话，才更容易引起对方的共鸣，从而答应你的请求。

在美国经济大萧条时期，有一位17岁的姑娘好不容易才找到一份在高级珠宝店当售货员的工作。在圣诞节的前一天，店里来了一位30岁左右的贫民顾客，衣衫褴褛，面黄肌瘦，他用一种不可企及的目光盯着那些高级首饰。

　　姑娘要去接电话，一不小心，把一个碟子碰翻，6枚精美绝伦的金戒指落到地上，她慌忙捡起其中的5枚，但第6枚怎么也找不着。这时，她看到那个30岁左右的男子正向门口走去，顿时，她知道了戒指在哪儿。

　　当男子的手将要触及门柄时，姑娘柔声叫道："对不起，先生！"

　　那男子转过身来，两人相视无言，足足有1分钟。

　　"什么事？"他问，脸上的肌肉在抽搐。

　　姑娘一时竟不知说些什么。

　　"什么事？"他再次问道。

　　"先生，这是我的第一份工作，现在找个事儿做很难，是不是？"姑娘神色黯然地说。

　　男子长久地审视着她，终于，一丝柔和的微笑浮现在他脸上。

　　"是的，的确如此。"他回答，"但是我能肯定，你在这里会干得不错。"

　　停了一下，他向前一步，把手伸给她："我可以为您祝福吗？"

　　他转过身，慢慢走向门口。

　　姑娘目送着他的身影消失在门外，转身走向柜台，把手中握着的第 6 枚金戒指放回了原处。

这位姑娘成功地要回了青年男子偷拾的第 6 枚金戒指，关键是在尊重、谅解对方的前提下，以"同是天涯沦落人"凄苦的言语博得对方的真切同情。对方虽是流浪汉，但此时握有打破她饭碗的金戒指，极有可能使她也沦为"流浪汉"。因此，"这是我的第一份工作，现在找个事儿做很难"，这句真诚朴实的表白，却饱含着惧怕失去工作的痛苦之情，也饱含着恳请对方怜悯的求助之意，终于感动了对方。对方也巧妙地交还了戒指。试想，如果姑娘怒骂，甚至叫来警察，也可能找回戒指，但姑娘的"饭碗"还保得住吗？

说话说到心

高尔基的名著《在人间》里有一个两店铺推销圣像的情节：

一家店铺的小学徒没有什么经验，只是向人们说："……各种都有，请随便看看。圣像价钱贵贱都有，货色地道，颜色多样，要定做也可以，各种圣人圣母都可以画……"尽管这个小学徒喊得声嘶力竭，可仍很少有人问津。

另一家店铺的广告则不同："我们的买卖不比卖羊皮靴子，我们是替上帝当差，这比金银还宝贵，当然是没有任何价钱的……"结果，许多人都情不自禁地被吸引了过来。

相同的意思，为什么会有截然相反的效果呢？原因就在于前者用语冗长，平淡刻板，而后者则针对顾客的心理，将自己说成是"为上帝当差"的，用心独到，言简意赅。

要说服别人帮助自己，就要把话说到对方心窝里，攻克对方的心理防线，消除对方由于对你的诚意表示怀疑而产生的戒备。否则，这道防线将像一堵墙，使你的话说不到他的心里去，甚至产生反感。

在一定的条件下，每个人都会产生某种危机感，这种意识使他心生恐惧，并由此激发出强烈的要求上进的愿望。如果你能把握住他的这种危机感，就能有针对性地采用相应的对策。

在与人交流中，如果你能洞悉他的内心，巧妙地刺激对方的隐衷，使他内心的想法完全暴露出来，就能找到他的危机感。这个危机感就是你说服他的一把利器。

第三章　危急时刻的说话艺术

陷入不利境地时如何说话

在人与人之间的交往过程中，经常会碰到一些麻烦，常常会发生由于言语或行动等方面的因素而使自己处于不利境地的状况。在这种情况下，如果能采用某种方式而扭转状况，那自己就可以得以解脱。在这时就得动用自己的智慧。下面几种方法和技巧将会对你大有裨益。

（一）巧妙区分

对于有些涉及权威者的情况，为了给对方留一个面子，同时恰当地维护自己的尊严，就要巧妙区分，从不同的角度来解决。

南朝齐代有位书法家叫王僧虔，写得一手绝好的隶书，但是当朝皇上齐高帝萧道成也是一个翰墨高手，他要和王僧虔比个高低，两人都写了一幅字。

高帝问王僧虔："谁为第一？"

若一般臣子，当然会立即奉承皇上说："臣不如也。"但王僧虔却是一副傲骨，明明自己的书法高于皇帝，为什么要做违心的回答呢？这位才思敏捷的书法家竟说出一句千古流传的绝妙答词：

"臣书，臣中第一；陛下书，帝中第一。"

他巧妙地把臣与帝的书法比赛分为"臣组"与"帝组"加以评比，这样既满足了高帝的"冠军欲"，又维护了自己的荣誉和品格。皇上听了，也只能哈哈一笑而已。

王僧虔在这里就巧妙地运用了"巧妙区分"这种手法，使得其回答委婉圆转，皇上也无话可说。

（二）巧设圈套

巧设圈套就是针对对方的心理，提出某种合理的愿望或要求，求得对方的承诺。当对方进入圈套后亮明真相，对方也无法反悔，这一招通常是非常见效的。

在波斯和阿拉伯发生战争期间，波斯帝国的太子被阿拉伯帝国的倭马亚王俘虏，倭马亚王下令要将他斩首。

昔日英姿飒爽、威武不凡的太子成了阶下囚，早已没有了什么威风。他请求倭马亚王说："主宰一切的陛下，我现在口渴难当，您当以仁慈之心，让您的俘虏喝足了水再处斩也不迟啊！"

倭马亚王答应了他的要求，让侍卫端给他一碗水。

太子接过这碗水，却不敢喝下去，颤颤巍巍地说："陛下，我担心我正在喝这碗水时，会有人举刀杀死我。"

国王说："放心吧，不会这样的。"于是太子请求国王保证。

国王庄重地说："我以真主的名义发誓，在你喝下这碗水之前，没有人敢伤害你。"

太子一听，立即将那碗水泼到地上。倭马亚王大怒，但身为国王，他已发下誓言，不会在太子喝下这碗水之前伤害他。现在，水已被太子泼到地上，太子再也喝不到这碗水了，倭马亚王也就永远不能伤害太子了。

倭马亚王知道上了太子的当，但也没法，只得放了太子。

太子在这里利用倭马亚王的同情心救了自己的性命。他巧设圈套，引得倭马亚王一步步上当，最后终于获得了成功。

（三）巧用典故

中国历史上有许多流传至今的典故，其内容涉及方方面面。如果能根据一定的场景，适当地选用典故，就会有更大的说服力，往往能帮助你摆脱不利境况。

受到诋毁时如何说话

人生在世，免不了遇到说三道四、传播闲言碎语的人。他们喜欢议论谁是谁非。这类人中有的是有目的地中伤他人，有的是为了操纵他人，捞取好处。

首先，尽力找出这些闲话后面隐藏的动机，然后鼓励那些散布闲话者更加直率和公正地表达自己的意见和想法，让他们面对面地向你道出自己的不满。这样做，你有时可以打碎遮挡于你们之间的屏风，判断出问题的真正所在，然后澄清事实，及时将矛盾予以解决。

正面消除闲言碎语，这对你十分重要，如果越任其滋生蔓延，越会对你不利。其他人也会觉得你无法处理这一问题，谣言传播得太久，也会被他人误以为是事实。因此，你可以与散布谣言者正面交锋面谈，与其单独谈谈这一问题。你可以问问他们：

"我所听到的话都是你真心想说的吗？"

"我猜测你不同意我的观点，对吗？"

"我们能谈谈你的想法吗？"等等。

如果你表现得十分真诚而直率，并且那些谣言传播者根本上并无恶意，而只是一种误解或者迷惑，他们很有可能会当场败下阵来，向你表示歉意，并制止和收回自己的谣言。

当众人向你散布谣言时，制止谣言的另一战略是让其中的一些人站在你的一边，然后再去影响和改变另外一些人，让谣言不攻自破、逐渐消失。

感情遇到危机时如何说话

爱情是事业的基础，美满幸福的家庭让人羡慕，但现在随着异性之间的交往越来越密切，婚外恋作为一个严重的问题摆在了夫妻双方的面前。作为处于弱势地位的一方，该如何面对这些呢？

（一）家丑不可外扬

学会信任，这也是对自己有信心的表现。夫妻之间相互信任是不可缺少的一种美德，同时也是维持双方良好情感的前提条件之一。相反地，猜疑只会增加彼此的隔阂。如果不分青红皂白，一味地猜疑、指责对方，反而容易把对方推向别人的怀抱。

但是，也不能对对方和异性的交往过于粗心大意，要学会帮助对方把握好交往的尺度。有时夫妻两地分居或经常分离，也容易给人以可乘之机。

小刘是一家大报社的记者，事业心比较强，经常要出去采访，回到家里又忙着家务和工作，和丈夫的交流有所减少。

有一天，小刘没出差，难得一家人都在一起度周末。儿子忽然问："妈妈，怎么你在家里，王阿姨就不来玩了？"

小刘问丈夫：

"王阿姨是谁？"

"是我们单位刚分来的大学生。"

丈夫不好意思，脸有点红。

小刘没有再追问了，只是哄着儿子说：

"下次我们请王阿姨来玩，好吗？"

小刘想想自己对丈夫如此信赖，竟……思前想后，心里很难受。真想和丈夫大吵一顿，或者离婚算了。

过了一会，小刘情绪冷静多了，认识到自己经常在外，对儿子和丈夫照顾很不够，何况自己并不能肯定丈夫和王的关系。如果不分青红皂白地和丈夫闹，倒显得自己没理由了。

晚饭，她今天特别地没让保姆做，自己麻利地弄了几个丈夫最爱吃的菜。

晚上，她把孩子哄睡了之后，依着丈夫靠在床上，轻轻地说："我经常外出采访，让你一个人在家带孩子，实在太难为你了。我不在时你肯定好寂寞，就像我孤零零一个人睡在旅馆里一样。现在我靠在你身上才觉得好踏实，没有你的支持，我的工作一天也做不好。"

丈夫一声不吭，怜爱地抚摸着小刘的头。

小刘轻轻问："我们周末一起请她来吃晚饭好吗？"

丈夫面有难色。

"你还不放心我吗，我不会让你为难的，更不会为难她。"

周末，小刘又一次亲自下厨。小王来了，小刘热情地进行了款待。临走时，小刘特地让丈夫看孩子，自己独自一人把小王送下楼，拉着她的手说："怪我自己太工作狂了，对小周（小刘的丈夫）缺乏照顾，谢谢你常来带我们宝宝玩，也帮着照顾小周。看你这样温柔可爱，不知道哪个小伙会有福气娶到你。好了，不远送你啦，有空欢迎常来玩。"一席话让王又是感激又是惭愧。

后来，小王找了个帅气的男友，他们与小刘夫妇都成了好朋友。

小刘面对丈夫和小王的暧昧关系，没有失去理智，大吵大闹，"家丑外扬"，而是给双方都留了面子。

面对丈夫，小刘以情动人，首先向丈夫道歉：自己工作太忙，没有尽到妻子和母亲的责任。同时也表白：自己出差在外也很辛苦、寂寞，很思念家。

面对小王的一番话，则是绵里藏针，既热情有礼貌，同时也暗示对方，自己的丈夫是有妇之人，让对方把握好交往的尺度。

（二）冷处理

矛盾冲突一般是双方处于情绪激动时的行为，由于激动，说话、做事往往失去控制，此时用理智来战胜情感，在瞬息间有所感悟，绝大部分人是做不到的。但是进行了冷处理之后，一般人就又变得可能会有所感悟。

在交往中产生矛盾冲突的时候冷静下来，不马上处理，等到一定火候（双方火气消了，心平气和），再进行处理的方法，可以妥善地解决交际中的许多冲突，有效地化解矛盾，实现人际交往的最终目的——和谐。

工作无法执行时如何说话

很多人以为做个领导很容易，可以随时指使员工。但其实不然，身为领导，在实际工作中，可能碰到这样的情况：当你急切地要求员工去做某件事情时，却听到的是一句不冷不热之言："对不起，老板，你给我安排的一大堆子事还没有做完呢！你还是另找他人吧。"或者当你告诉员工应该如何去做某件事时，他们却说"那毫无用处。"面对类似的情况，你该怎么办呢？通常情况下，如果员工如此表现，大都是心存不满。所以你首要的任务不是如何去对付员工有的异议，而应尽力找到他们不满的原因。

丽娜是一家大型社会服务组织的经理助理。当现任经理突然离职时，她被选为这个职位的接替人。对于她的同事来说，这无疑是个打击。他们中的许多人认为他们和丽娜的能力相差无几，而自己却没有升迁之机，这是不公平的。在嫉妒心的驱使下，他们聚到一起，企图对丽娜布置的任务"忘记执行"，以影响丽娜的工作。

面对这种情况，你也许感到很棘手。它要求你必须动用真正的"外交手段"去摆脱困境。于是丽娜立即冒险召开了一个会议，她明白这意味着她将一个人单枪匹马地去面对众多反对者。当她把大家召集到她的新办公室时，非常从容和蔼地说："对于你们所关切的事以及你们对待这件事的态度，我也十分在意。我想让你们知道，我们丝毫没有理由不像以前那样共同努力地工作，我们以前是朋友，我们现在仍然是朋友。"

然后，丽娜立即变换了一种严厉一点的口吻且坦诚地说："在现在这种情况下，我被指定负责这个工作。我只好执行上级的命令而把工作分派给你们。请记住，这是我们必须完成的。我的大门对你们永远都是敞开的，我保证，尽管我们有矛盾，但我会尽最大努力关照你们。"

当一个上司对下属保证要竭尽全力时，他同时也使下属感到了自己的责任。这样将帮助你很好地对付他人的异议。上司应该向下属证明，至少应该比较明显地暗示：他们同样也有责任把私人利益放在一边，做好自己应该做的工作。

避免言语危机有要领

一个人如果口才好，说话流利，善于表达，就能很快达到社交成功的目的，但也有人虽能言善辩，却没有一个知心朋友，大家见了他都敬而远之。"茕茕孑立，形影相吊"，终日孤零零地独往独来，其原因就在于他虽然伶牙俐齿，巧舌如簧，却抓不住谈话的要领。

一般说来，避免言语危机要注意掌握以下几个要领：

（一）积极寻找恰当的话题

合适的谈话内容有利于彼此间思想感情的交流与沟通，可使双方增长知识，精神生活更加丰富。寻找话题可注意以下几个方面：

社会的热门话题。人们普遍关心的新闻、趣事是最有吸引力的，所以要尽量从这类事情中寻找话题。

双方的爱好。共同的志趣可使谈话趣味横生、津津有味。找出双方共同的爱好，并以此为谈话题目。

双方的工作内容。相同的职业容易引起共鸣，不同的职业更具有新奇感与吸引力，可从双方职业特点中寻找彼此都感兴趣的话题。

彼此的经历。经历是学问，亲身经历过的人和事往往给你留下极深的印象。这种交流最易敞开心扉，畅所欲言。

双方的发展方向。人都关心自己的未来，前途与命运是永恒的话题。这类话题最易触动对方那根最敏感的神经。

注意家庭状况。谈家庭生活并不一定就是俗气。家庭是社会的细胞，家庭生活的完美和谐是每个人的理想。这类话题不必做准备，随时都可谈论，思维敏捷的人可以从中发现许多人生的哲理。

彼此对人生的理解。每个人对人生的理解决定其世界观，因此多谈些这类话题容易引起共鸣。

关注子女教育。孩子是父母生活的希望，孩子的教育牵动亿万家长的心。怜子、爱子、望子成龙是家长的共同心理。谈及孩子，即使是性格内向的人，也会眉飞色舞，滔滔不绝。

（二）多用肯定语气

对他人的想法和希望表示肯定，赞同对方的所作所为，是谈话中的基本礼貌，也是得到人心的重要前提。否定他人是一种冒险，也许你会因此失掉许多朋友。

（三）要注意语言环境

要使谈话有魅力，首先要注意语言的环境。在特定的场合下，必须讲适合环境的语言。如意大利前总统佩尔蒂尼访华时，在北京大学受到热烈的欢迎。在回答青年们的敬意时，他很风趣地说："我在青年面前算不得什么，如果你们能给我青春，我宁愿把总统的职务交给你们。"一句"愿以总统换青春"的话语，因同大学的校园环境相适应，赢得青年们的热烈掌声。

（四）要学会听别人讲话

交谈中，要多听少说，并要有听别人说话的技巧：

首先要调整自己的情绪，使自己静下心来，仔细地听别人讲话。不可心不在焉，一心二用，这会使别人想到你不尊重他。

要借助一些眼神和动作，如赞许地点头、鼓励的手势等。这些可使说话人感到轻松自然，没有顾虑地把话说完。

谈话人在说到兴头上时，会留下许多空当，你若能及时地谈出对方想要谈出的内容，对方将把你看作知己。

在说话人停顿时，提出一些与谈话内容有关的问题来请教，证明你不仅在听，而且在思考。这种情况会使说话人大为感动。

耐心地听别人把话说完，并加以分析，听出弦外之音。

即使对方的话不准确或有错误，也不必当面妄加评论，或直接更正。这是一种修养。

（五）要善于控制情绪

朋友间交谈时，无论你对他讲的内容是否满意，是否高兴，是否感兴趣，都要冷静耐心。一定要控制自己，尤其是力戒发怒。当你发怒时，别人往往会封闭自己，造成相互间的对立，使问题变得很糟糕。

（六）拒绝他人要坦诚

朋友相托的事情若的确不能办，就要拒绝他的要求，不要碍于情面，羞于启齿，而应直截了当，毫不含糊地表达自己的意思。朋友们会理解你的。直接表达，可减少误会，避免别人疑心，也不会误事。过于犹豫、徘徊、举棋不定，常会把自己拖进泥潭，难以自拔。

（七）欢迎朋友责备自己

朋友间有了意见分歧，最好及时交流。只有自己宽厚、谦逊，对方才会放开胆量直言不讳；若自己气量狭小，被朋友批评两句便一脸的不高兴，那就堵塞了言路。

人与人之间的准确评价时常是谈话的主要目的，评价他人是一个方面，从他人那里了解到对自己的评价则更为重要。

所以要有意创造一种宽松的谈话气氛，让朋友、同事畅所欲言，言无不尽，这样才有助于提高自己。

（八）以开放的心态对待各种信息

对你听到的每一件事，都要以开放的心态加以对待。不存偏见，不急于否定，也不急于肯定，而要做充分的分析，不可偏听偏信，要不停地从可靠的权威那里寻找证据，以保证沟通的可信度。

（九）满足对方的优越感

在社交中，人们都喜欢表现自己的思想和见解，若能充分地展示自己的优越之处，心理上便可获得一种满足感。我们表示自己"不知"，便给对方创造了一个跻身于能者之列的机会，这是使你亲近他的最好手段。

第四章　尴尬时刻的说话艺术

站在对方的角度说话

每个人都希望在社交中从容不迫，洒脱大度，但是在现实生活中我们经常会遇到一些尴尬场面，自己感到不舒服，别人也不自在，结果气氛凝滞。

　　造成尴尬局面的原因有很多：时间、场合不适合、交往对象不熟悉。当发现尴尬情况出现时，就该想方设法将其化解掉，但很多人都会说"说得容易做着难"。

　　遇到尴尬的境况之所以难以解决，是因为每个人都固执己见，各有各的想法。越坚持自己的想法，就越不容易解决问题。试试站在对方的角度说话，没准会很轻松地解决问题。

　　有一天，美国哲学家、诗人爱默生同他的儿子一起想把一匹小牛赶进牛栏。但他们犯了一个错误，他们只想到自己的愿望，爱默生在后面推小牛，他的儿子在前面拽小牛。但小牛也有自己的愿望，它把两只前蹄撑在地上，执拗着不照他们父子的愿望行动。他们家的爱尔兰籍女佣见到这种情景，不由得笑着来帮助他们。她刚才在厨房干活，手指头上有盐的味道，于是她像母牛喂奶似的，把有咸味的手指伸进小牛的嘴里，让它吮着走进了牛栏。

　　动物尚且有自己的愿望，更何况人呢？不了解对方的意愿，光想自己认为怎么样就该怎么样，难免会导致谈话的失败。

　　你如果要劝说一个人做某件事，在开口之前，最好先问问自己："我怎么样才能使他愿意去做这件事呢？"

在这方面，人际关系大师卡耐基堪称高手。

卡耐基每季都要在纽约的某家大旅馆租用大礼堂20个晚上，用以讲授社交训练课程。

有一个季度，卡耐基刚开始授课时，忽然接到通知，房主要他付比原来多3倍的租金。而得到这个消息之前，入场券已经印好，而且早已发出去了，其他准备开课的事宜也都已办妥。

很自然，卡耐基要去交涉。怎样才能交涉成功呢？两天以后，卡耐基去找经理。

"我接到你们的通知时，有点震惊。"卡耐基说，"不过这不怪你。假如我处在你的位置，或许也会写出同样的通知。你是这家旅馆的经理，你的责任是让旅馆尽可能地多盈利。你不这么做的话，你的经理职位难以保住，也不应该保得住。假如你坚持要增加租金，那么让我们来分析一下，这样对你有利还是不利。"

"先讲有利的一面。"卡耐基说，"大礼堂不出租给讲课的而是出租给举办舞会、晚会的，那你可以获大利了。因为举行这一类活动的时间不长，他们能一次付出很高的租金，比我这租金当然要多得多。租给我，显然你吃大亏了。

"现在，来考虑一下不利的一面。首先，你增加我的租金，却是降低了收入。

"因为实际上等于你把我撵跑了。由于我付不起你所要的租金，我势必再找别的地方举办训练班。

"还有一件对你不利的事实。这个训练班将吸引成千上万的有文化、受过教育的中上层管理人员到你的旅馆来听课，对你来说，这难道不是起了不花钱的活广告作用了吗？事实上，假如你花 5000 元钱在报纸上登广告，你也不可能邀请到这么多人亲自到你的旅馆来参观。可我的训练班给你邀请来了，这难道不合算吗？"

讲完后，卡耐基告辞了："请仔细考虑后再答复我。"当然，最后经理让步了。

在卡耐基获得成功的过程中，没有谈到一句关于他要什么的话，他是站在对方的角度想问题的。

不妨想想另一种情形，如果卡耐基气势汹汹地跑进经理办公室，提高嗓门叫道："你这是什么意思？你知道我把入场券印好了，而且都已发出，开课的准备也已全部就绪了，你却要增加 300% 的租金，你不是存心整人吗？！300%，好大的口气！我才不付哩！"

想想，那该又是怎样的局面呢？你会想象得到争吵的必然结果：即使卡耐基能够辩得过旅馆经理，对方的自尊心也很难使他认错而收回原意。

掉转话头而言其他

在语言交际中，我们经常会遇到一些令人尴尬的问话，比如涉及国家、组织的秘密，涉及个人收入、个人生活、人际关系等问题。对待这样一些提问，如果我们用"不能告诉你"来回答，那会使你显得粗俗无礼，如果套用外交用语"无可奉告"来作答，那又会给提问者造成心理上的失望与不快。

总之，对待这样一些古怪的问题，我们答得不好，就有可能自己给自己套上难解的绳索，使自己陷入十分难堪的泥淖，不能自拔以致大失脸面。

如处于这样的尴尬场合时，就需要具备"顾左右而言他"的语言艺术，从而能使你面对尴尬而峰回路转，取得柳暗花明的效果。

最简单最直接的做法就是转换话题，比如：

两个青年去拜访老师，在谈话中提到："老师，听说您的夫人是教英语的，我们想请她指教，行吗？"

老师为难地沉默了片刻，说："那是我以前的爱人，前不久分手了。"

"哦？对不起，老师……"

"没什么，喝点水吧。"

"老师，您的书什么时候出版？快了吧？……"

这样转换话题，特别是提出对方很愿意谈的话题，就会使谈话很快恢复正常，气氛活跃起来。

在说话过程中，当对方有意无意地触到我们心中的隐痛、忌讳或者自己不愿回答的问题时，如果一时没有好办法应答，那么，就干脆使在场者的注意力从自己身上挪开。问话者见我方对其问题不予理睬，在尴尬的同时会很快意识到自己的鲁莽和无礼，从而不再追问。

某单位一女工结婚，在单位散发喜糖，刚巧该单位有一位尚未谈对象的 33 岁的大龄女青年。大家吃着糖，突然一位中年科员笑着对那位女青年说："喂，什么时候吃你的喜糖？"大家都望着那位女青年。那位女青年脸微微一红，把脸转向邻近的一位女同事，然后指着那位女同事身上的一件款式新颖的上衣问："咦？这件上衣什么时候买的？在哪个商店买的？"两个人便兴致勃勃地谈起了那件衣服。

　　在大庭广众之下问大龄女子何时结婚确实是件很不礼貌的事情。女青年碰到这个尖锐的问题时处境十分尴尬，回答不好可能会引起大家的闲话，再说这事也没必要让大家来参与。于是她立刻把话题转移到同事的衣服上，借以回避对方的无聊问题。问者受到毫不掩饰地冷落，自然也认识到自己的失礼，没有理由责怪女青年对自己的置之不理。

　　这种转移话题的方法固然可以达到摆脱窘境的目的，但是它又未免太过生硬，效果并不是非常好，有的人使用更为婉转的方式来"言其他"，会显得更漂亮、干脆。这种方法就是岔换法。

　　岔换法是针对对方的话题而岔换新的话题，字面上看是回答了对方的问题，而实质意义却是不相干的两个问题。它给人的感觉通常是干脆利落，能显示出一种较为强硬的表达气息。

　　话题调头言其他，经常会被用于解窘，但是我们应该尽量圆融地去利用这一方法，使它更加不着痕迹地化解尴尬。

调侃一下自己

　　由于我们的过失，造成了谈话中间出现了难堪，这时我们不要责备他人，还是找找自己的责任，采用自我调侃的方式低调退出吧。

有一次，10多年没见的老同学聚会，因为大家都是好朋友，所以说起话来更是直来直去。有一位男同学打趣地问一位女同学说："听说你的先生是大老板，什么时候请我们到大酒店吃一顿。"他的话刚说完，这位女同学有点不安起来。原来这位女同学的丈夫前不久因发生意外去世了，但这位开玩笑的男同学并不知道，因而玩笑开得过了一点。旁边的一位同学暗示他不要说了，谁知这位男同学偏要说，旁边的那位同学只得告诉他真实的情况，这位男同学可谓无地自容，非常尴尬。不过他迅速回过神，先是在自己脸上打了一下，之后调侃地说："你看我这嘴，几十年过去了，还和当学生时一样没有把门的，不知高低深浅，只知道胡说八道。该打嘴！该打嘴！"女同学见状，虽有说不出的苦涩，但仍大度地原谅了老同学的唐突，苦笑着说："不知者不为怪，事情过去很久了，现在可以不提它了。"男同学便忙转换话题，从尴尬中解脱出来。

当我们处于类似的由于我们自己的原因，造成不好下台的局面时，最好的办法就是：不要死要面子活受罪，可以采用自我调侃的办法，来得真诚一点，像上面的那位男同学，表达自己真诚的歉意，而对方也不会喋喋不休地责备我们，相反还会因为我们的真诚，一笑而置之。

1915 年，丘吉尔还是英国的海军大臣。不知他是心血来潮，还是什么原因，突然要学开飞机。于是，他命令海军航空兵的那些特级飞行员教他开飞机，军官们只好遵命。

丘吉尔还真有股韧劲，刻苦用功，拼命学习，把全部的业余时间都搭上了，负责训练他的军官都快累坏了。丘吉尔虽称得上是杰出的政治家，但操纵战斗机跟政治是没什么必然联系的。也可能是隔行如隔山吧，总之，丘吉尔虽然刻苦用功，但就是对那么多的仪表搞不明白。

有一次，在飞行途中，天气突然变坏，一段 16 英里（约26 千米）的航程竟然花了 3 个小时才抵达目的地。

着陆后，丘吉尔刚从机舱里跳出来，那架飞机竟然再次腾空，一头撞到海里去了。旁边的军官们都吓得怔在那里，一动不动。

原来，匆忙之中的丘吉尔忘了操作规程，在慌乱之中又把引擎发动起来了，望着眼前这一切，丘吉尔也不知所措，好在，他并没有惊慌，装作茫然不知似的，自我解嘲道：

"怎么搞的，这架飞机这么不够意思。刚刚离开我，就又急着去和大海约会了。"

一句话，缓解了紧张的气氛，也让丘吉尔摆脱了尴尬。

在有些尴尬的场合，运用自嘲能使自尊心受到保护，而且还能体现出说话者宽广大度的胸怀。

丘吉尔有个习惯，一天之中无论什么时候只要一停止工作，他就爬进热气腾腾的浴缸中去泡一泡，然后就光着身子在浴室里来回地踱步，一边思考问题，一边让身体放松放松，有时甚至会入迷。

有一次，丘吉尔率领英国代表团到美国去进行国事访问，他们受到热情款待。

为了方便两国领导人的交流、沟通，组织者专门让丘吉尔下榻在白宫，与美国总统罗斯福做近距离接触。

一天，丘吉尔又像往常一样泡在浴缸里，尔后光着身子在浴室里踱步。当时，世界反法西斯战争进行得如火如荼。丘吉尔在思考着战场上的形势，以及如何同美国联手对付德国法西斯。想着，想着，他已经忘了自己在什么地方，而且还是光着身子。

碰巧，这时罗斯福有事来找丘吉尔，发现屋里没人。罗斯福刚欲离去，听见浴室里有水响，便过来敲浴室的门。

丘吉尔正在聚精会神地考虑问题，听见有人敲门，本能地说了一句：

"进来吧，进来吧。"

门打开了，美国总统罗斯福出现在门口。罗斯福看到丘吉尔一丝不挂，十分地尴尬，进也不是，退也不是，索性一言不发地站在门口。

此时，丘吉尔也清醒了。他看了看自己，又看了看罗斯福，急中生智地说道：

"进来吧！总统先生。大不列颠的首相是没有什么东西可对美国的总统隐瞒的！"说罢，这两位世界知名人物都不约而同地哈哈大笑起来。

尴尬场合，运用自嘲可以平添许多风采。当然，自嘲要避免采取玩世不恭的态度。具有积极因素的自嘲包含着自嘲者强烈的自尊、自爱。自嘲实质上是当事人采取的一种貌似消极，实为积极的促使交谈向好的方向转化的手段而已。

（一）先发制人

1862 年的一天，美国著名黑人律师约翰·马克将上台演讲。会前他被告知，听众绝大多数都是白人，而且不少人对黑人怀有成见。于是他临时决定放弃原来的开场白，而从一开始就从争取听众入手。他这样开始了他的演讲：

"女士们，先生们，我到这里来与其说是发表演讲，不如说是给这一场合增添点'色彩'。"

听众大笑，气氛活跃起来，对立的情绪无形中被笑声驱散。尽管他后面的演说言辞激烈，但会场秩序始终很好，取得了巨大的成功。这就是演讲史上的著名篇章——《要解放黑人奴隶》。

生活和工作中，任何人都不可能被别人完全了解。对某类问题甚至某类人怀有或多或少的非善意的偏见，是人性中难以避免的事情。偏见像堵墙，能隔离友好和理解，带来的却是误会和矛盾。如果妙用自嘲法，消除对方的偏见，就能为双方的正常交流打开通道。尤其是在别人对你攻击之前，你若能先发制人，自揭伤疤，主动用不乏幽默的自嘲的话把可能被人嘲笑的地方说出来，这既解除了自己的心理压力，又让对方觉得了你的坦诚与可爱，从而缩小双方的交际距离。这招用在与对方初次打交道时，往往会有奇效。

（二）借题发挥

1992年，中央电视台节目主持人杨澜在广州主持演出。在她走下舞台时，不慎摔倒在地。这时，观众都呆了，场面迅速冷下来，所有的人都等着看杨澜如何收场。只见杨澜镇定地爬起来，然后面向观众，说：

"真是马有失蹄，人有失足啊。看来这次演出的台阶不是那么好下呢。不过台上的节目非常精彩，不信，你们瞧——"

杨澜这一番即兴的精彩演讲折服了观众，她的话音刚落，热烈的掌声就响起来了。她偶然的失误让自己身陷困境，可她的智慧却为她挽回了面子。她的高明之处就在于用自嘲的话对自己的失误进行了巧妙渲染，又借着"演出"这个题进行了发挥，然后迅速将观众的注意力转移到下一个节目中去，这样短短两句话，天衣无缝地为自己搭好了台阶。试想在这样一个轻松的演出场合，杨澜如果一本正经地为自己的失误向观众道歉，该有多煞风景！

当因为你自己的原因出现尴尬时，最不好的选择是无动于衷或者竭力回避，最好的选择是随机应变，联系当时所处的具体场景，借题发挥，用自嘲的方式加以化解。

（三）曲径通幽

一位诗人去某大学做演讲，在随后的听众提问中，有个学生问他：

"你是如何看待从事纯文学创作的人在当今社会中的处

境的？"

这个学生的言下之意是，在当今这个一切向钱看的社会中，从事纯文学创作的人如何面对贫穷。诗人回答：

"就我个人而言，我之所以能写作并坚持下去得感谢我的妻子，她开了一家小饭馆，于是我一家人的吃饭问题就解决了。"他的回答中包含着辛酸和无奈的感情，但这样回答一个大学生的提问，比直接把自己的贫穷展示出来再来一番直抒胸臆的感慨，给人留下的印象深刻得多。

有些场合，一些自报短处的话或者诉苦和表达不满的话不适宜直接说出来，最好能够通过自嘲的方式曲径通幽，这样既让对方听明白了你的苦衷，又不会觉得你是一个怨天尤人的人。

（四）解除尴尬

20世纪50年代初，有一次美国总统杜鲁门会见麦克阿瑟。这人是一位十分傲慢的将军。会见中，麦克阿瑟拿出他的烟斗，装上烟丝，把烟斗叼在嘴里，取出火柴，当他准备划燃火柴时，才停下来，转过头看看杜鲁门总统，问道：

"我抽烟，你不会介意吧？"

显然，这不是真心征求意见，在他已经做好抽烟准备的情况下，如果对方说他介意，那就会显得粗鲁和霸道。这种缺乏礼貌的傲慢言行使杜鲁门有些难堪。然而，他只是狠狠地盯了麦克阿瑟一眼，自我嘲讽道：

"抽吧，将军。别人喷到我脸上的烟雾，要比喷在任何一个美国人脸上的烟雾都多。"

由此可以看出，在交际中，当对方有意无意地触犯了你，把你置于尴尬境地的时候，借助自嘲摆脱窘迫，是一种适当的选择。这样既能使你的自尊心通过自我排解的方式受到保护，不至失去平衡，而且还能体现出说话者的大度胸怀，有助于在交际中"得分"。

在生活中，我们会碰到许多人的触犯，其中不少是不怀好意的挑衅。其目的就是让你难堪，让你没有台阶下。在这种情况下，很多人束手无策。有的通过有损自己尊严的话，以求走出困境；有的则直白地反击，这只能招来外人的嘲笑。事实上，只要我们恰当地应用"自嘲"，完全可以使自己处于更有利的地位。

装作不知道，说得更奇妙

我们在不同的场合下都会遭遇尴尬。尴尬的表现形式不一样，应对方式当然也有差别。用语言应对的一种很好的方式，就是佯装不知，故说"痴"话，好像这种尴尬从来没发生过一样。

这里有一则流传很广的笑话：

一家星级宾馆招聘男性客房服务人员，经理给应聘者出了一道题目：

"假如你无意间把房间推开，看见一位女客一丝不挂地在沐浴，而她也看见你了，这时候你该怎么办？"

第一位答："说声'对不起'，就关门退出。"

第二位答："说声'对不起，小姐'，就关门退出。"

第三位答："说声'对不起，先生'，就关门退出。"

结果第三位应聘者被录取了。为什么呢？前两位的回答都让客人有了解不开的尴尬心结，唯有第三位的回答很巧妙。他妙就妙在假装没看清，故作痴呆状，既保全了客人的面子，又使双方摆脱了尴尬。

一位新到学校正在实习的老师在黑板上刚写几个字，学生中突然有人叫起来：

"新老师的字比我们童老师的字好看！"

真是语惊四座，幼稚的学生哪能想到，此时在教室后排坐着的班主任童老师该多么难堪！对这位实习生来说，初上岗位，就碰到这般让人难堪的场面，的确让人头疼：如果处理不当，以后怎样同这位班主任在一起相处呢？怎么办？转过身来谦虚几句，行吗？不行！把学生教训几句？更不行！这位实习生灵机一动，装作没有听到，继续写了几个字，头也不回地说："不安安静静地看课文，是谁在下边大声喧哗！"此语一出，后座童老师紧张尴尬的神情，顿时轻松了许多。

这里这位实习老师就是巧妙运用了"佯装不知"、故说"痴"话的技巧，避实就虚，避开"称赞"这一实体，装作没有听清楚，而攻击"喧哗"这一虚像。既巧妙地告诉那位班主任"我根本没有听到"，又打击了那位学生无心的称赞兴致，避免了学生误以为老师没有听见而重复的可能，以致再次造成尴尬局面。

尚美在一次聚会上第一次穿高跟鞋和超短裙，还化了比较浓的妆。朋友们见到她这样的打扮，一片惊呼，她自然而然地成了聚会的焦点。但是年轻人聚会的一项必不可少的活动就是蹦迪。高跟鞋和超短裙肯定是不利于蹦迪的，何况尚美还是第一回穿呢。开始她不愿意下舞池，后来在朋友们的劝说之下勉强蹦了一会儿，谁知却出了问题，一只鞋跟折断了，短裙也不小心撑裂了。她只好装作没事一样，一瘸一拐地回到了座位上。

一个女孩看见了，忙跑过来问她怎么回事，她回答说脚扭了。女孩关心地弯下腰去看。

"啊，你的鞋跟断了呀。真是的，怎么这么倒霉啊。哇，你的裙子怎么。好了别介意，大家都是朋友，谁都不会笑话你的，我也会给你保密的。你就在这儿坐着好了，待会儿结束了我陪你回家。"说着又下了舞池，留尚美沮丧地坐在那里。

一曲终了，大家都下场来，一个男孩过来坐到了尚美对面，尚美脸上红一阵白一阵，生怕被他发现了，赶忙说脚有点不舒服，说着就把没有断跟的右脚伸到了前面。男孩并不看她的"伤势"，只是叫了两杯饮料，说："蹦迪很累吧，你平时看起来挺文弱的，一定小心啊。这种激烈运动连我都浑身湿透了，你肯定更累了。以后多锻炼锻炼，再穿上今天这么漂亮的衣服，那效果肯定超棒！"

两个人聊了半天，男孩始终没有再提起她的"伤"。其实他早就看到是怎么回事了，为了不让尚美太尴尬，他装作不知道，这让尚美长长地舒了一口气。

面子问题是个大问题，遭遇尴尬以后，装作不知道是化解尴尬的最好方法。正如卡耐基曾经说过的："往往有这样的人，他们知道别人出了洋相，就主动地去安慰人家，还自以为别人会非常喜欢这种方式，会用感激的目光看着他。其实别人最希望的，还是你不知道他出了洋相，没有嘲讽，也没有安慰。"

第五章　应酬时的说话艺术

亲友是领导关系的"软件"

人非天生，谁能无亲？人生在世，谁会无友？马克思曾经指出，人的本质，就其现实性来说，乃是各种社会关系的总和。这种社会关系，即包括了亲友关系。

恰当地应酬亲戚朋友，处理好亲友关系是现代人成功的基础。而对于一个领导者来说，这一点就显得格外重要。因为随着领导者的不断升迁，他所面临求助的亲友也就越多、越复杂。领导者如果不能巧妙处理好的话，必然会影响到他的工作。所以，应酬亲友是领导者的必修课。

亲友关系实际上是亲戚、朋友的总称，它包括人们的亲戚关系和朋友关系。亲戚关系，是以血缘为纽带，连接而成的人际关系，血缘愈接近，亲戚关系愈密切；血缘愈远，亲戚关系就疏远。中国传统的"出五服""不出五服"，指的就是血缘关系的远近亲疏。亲戚关系，由于是以血缘为联系的，所以，以此为联结的各方就有一种自然的亲近感，久而久之，当然也就有了感情和友谊。但是，有时仅仅有血缘关系并不意味着就有了感情和友谊，在许多情况下，有些朋友甚至比某些亲戚还亲近和知心。

朋友关系是以友谊、友情为联结的。人们在社会上生活、学习、工作、劳动，在共同的活动中相互了解、相互帮助、相互学习，逐渐产生共同的理想、共同的志趣、共同的目标，于是也就产生了友谊和友情，成为朋友。朋友当然有远近之别，有的关系一般，有的则关系密切。像人们常说的"老友""密友""挚友"等，指的就是关系密切的朋友，俗称"好朋友"。

朋友关系主要是由于思想、情趣、性格相近才组合起来的。而且这其中情况也很复杂，有的用高尚理想和高雅情趣相联结，有的在困难时刻相救助，有的则是建立在一时的利害关系之上，所以朋友关系也有高尚与庸俗、纯洁与卑微之分。

亲友关系对于人们来说是非常重要的，对生活、工作都有很大的影响，领导也概莫能外。一般来说，领导的关系网络中主要不外有 4 种形式：一是与上级的关系，二是与下级的关系，三是与同事的关系，四是与群体的关系。其实，这只是领导关系的"显结构"或"硬结构"；除此之外还存在着并不引人注目但却对领导有重要影响的"潜结构"或"软结构"——亲友关系。这种关系内存于领导者的关系网络中，有时会对领导的言行发生重大影响。

首先，亲友关系是领导工作关系的一个重要侧面。领导不仅应妥善处理上下级关系、同事关系，而且还要妥善处理与亲友之间的关系。

由于亲友关系更多的是血缘和感情联系，而在市场经济日益发展的今天，企图依靠亲戚或朋友的声望和地位而捞取好处者也不乏其人。领导者往往碍于情面，而不能不有所考虑，甚至违反规定。对造成不良后果者可以采取各种惩罚措施，但这毕竟是"亡羊补牢"。如能在事先或萌芽状态就将其消除，则是人所共望之事，所谓"防重于治"的道理，也即在于此，而这是需要通过言语沟通来实现的。

其次，亲友关系是领导生活关系的重要部分。尽管领导在单位是负责人，但在本职工作外，仍然少不了常人的喜怒哀乐和七情六欲。他们在工作之余和社会交往活动中，会经常同亲友打交道；甚至有些时候，在工作中也会遇到亲友关系这个难题。有趣的是人的一切活动都是通过语言实现的。领导由于社会角色的变迁，必然影响到语言艺术的水平。能否适应这种变化并恰当地组织语言以赢得包括亲友在内的各种公众的支持，是衡量领导水平的一项重要标准。同时，从旁观者的角度看来，组织内外的各种人员也常常以领导对待亲友的语言测度其心理，评价其品质，并借以决定对领导的态度和关系走向。

公事拒绝，私事补偿

即便你不是企业里的掌权人物，在生活中也多多少少有一些可供自己支配的资源。这样就难免会有人向你求这求那。对于自己力所能及的事，我们自然不应该将对方拒之千里，但是对于一些勉为其难，同时又无益自己、有损他人利益的要求，我们就理当不予满足。尤其当你的身份是作为企业中的掌权人物时，更不能拿公司的利益去作为开发自己人际资源的砝码。

但是往往要求你利用企业实权人物身份为其提供方便的人，都跟你关系较密切，而且日后你们还有合作的时候，这时如果简单回绝对方所求，很显然，对自己长远"利益"不利。

此时，就需要你找出一种既不破坏原则又能保持两人照常交往的拒绝方法，而"公事拒绝，私事补偿"就是这类方法中的一个。

二战后的日本啤酒市场，一直由麒麟啤酒公司独占50%市场份额。三得利公司最初生产威士忌，市场份额占第一。但是，他们在继续生产威士忌的同时，也进入啤酒生产领域，然而由于对整个日本啤酒市场来说，三得利公司毕竟是个新手，所以啤酒上市以来，并没有受到消费者的好评。

有一天，三得利公司的佐治敬三社长找到阪急集团的总裁小林米三先生，请求对方销售自己公司的三得利啤酒。当时阪急集团销售的威士忌酒是三得利提供的。所以，佐治敬三跟小林米三关系很近，平日里常有交往。而且小林米三的妹妹正是佐治敬三的嫂子。这么一种亲上加亲的关系，使佐治敬三提出的请求也有些自然而然。

可是，阪急集团的经营方针是跟一家企业只能发展一种业务。既然公司在威士忌酒的销售上已经选择了三得利，那么再销售对方生产的啤酒，显然有悖于公司的经营方针。因此，佐治敬三的要求受到小林米三的拒绝：

"我不能答应你的要求。虽然我们彼此交情不浅，可也不能违反公司经营方针。以后有机会再补偿你吧。"佐治敬三只好知难而退。

虽然小林米三强调自己拒绝的原因是出于不违背公司经

营方针，但是，即便换成我们是佐治敬三，也很难对对方的这种解释感到舒服。然而，在这以后，佐治敬三不仅继续跟小林米三保持友好关系，而且他对小林米三的私人感情又近了一步。

这是为什么呢？

原因就是小林米三实践了自己的诺言——公事拒绝，私事补偿。

原来小林米三平素就酷爱饮啤酒，自从那次在公事上拒绝佐治之后，每天晚上，无论在哪家酒店喝酒，他是非三得利啤酒不喝。经过他的这种"补偿"，许多酒吧、俱乐部都开始逐渐销售起三得利啤酒。

佐治能不被小林这种既坚持原则又能为朋友着想的举措感动吗？

轻易承诺失威信

作为领导，不免有亲朋好友托自己办事，有时为了保全自己的面子，或为给对方一个台阶，往往对对方提出的一些要求，不加分析地加以接受。但不少事情并不是你想办就能办到的，有时受各种条件、能力的限制，一些事是很可能办不成的。因此，当朋友提出托你办事的要求时，你首先得考虑，这事你是否有能力办成，如果办不成，你就得老老实实地说："我不行！"随便夸下海口或碍于情面都是于事无补的。

当然，拒绝别人的要求也的确是件不容易的事。在承诺与拒绝两者之间，承诺容易而拒绝困难，这是谁都有过的经验。

有人来托你办一件事，这人必是有计划而来，最低限度，他已准备好怎样说。

你这方面，却一点儿准备都没有，所以，他可是稳占上风的。

他请托的事，可为或不可为，或者是介乎两者之间，你的答复是怎样呢？许多人都会采取拖的手法。"让我想想看，好吗？"这话常常会被运用。

但有些时候，许多人会做一种不自觉的承诺，所谓"不自觉的承诺"，就是"自己本来并未答允，但在别人看来，你已有了承诺"。这种现象，是由于每一个人都有怕"难为情"的心理，拒绝属于难为情之类，能够避免就更好。

但要记住，现在大多数人都喜欢"言出必行"的人，却很少有人会用宽宏的尺度去谅解你不能履行某一件事的原因。因此，拿破仑说："我从不轻易承诺，因为承诺会变成不能自拔的错误。"

那么，当我们在朋友面前，被迫得"非答应不可"，而实际上明知这事不该答应时又怎么办？

人际关系学家告诉我们：我们需要在聆听别人陈述和请求完毕之后，轻轻摇摇头，而态度并不强烈。

轻轻摇摇头，代表了否定，别人一看见你摇头，知道你已拒绝，跟着你可以从容说出拒绝的理由，使别人易于接受你不能"遵办"的苦衷，就不会对你记恨在心。

有许多事情常是这样的，看来应该做，但一做起来很麻烦，比如你有一位好友做了人寿保险经纪人，他来向你说了一大堆买人寿保险的好处，然后，他请你向他买保险。你也明知此举真有益处，但是，后来当你细心一想，如果照他的要求，你每月要付出的保险费，等于你收入的 1／3，而目前你的收入，也不过是仅可敷衍日常生活所需而已。而你一定明白这事很难办到，你就不妨"轻轻地摇头"，然后说出自己的理由。

有些人喜欢拖，或要人家跑几次来听他的最后答复，这都不是好的应酬之道，我们不时听见这样的怨言："他不答应，该早对我说呀！"

这样一来，你在别人眼里就成了一个言而无信的伪君子。

为人办事，应当讲究言而有信，行而有果。因此，许愿不可随意为之，信口开河。明智者事先会充分地估计客观条件，尽可能不做那些没有把握的许愿。

须知，许了的愿，就应努力做到。千万不可因一时事急，乱开"空头支票"，愚弄对方。一旦自食其言，对方一定会特别恼火。

万一因情况有变而没实现自己的许愿，也应向对方如实说明原因，并诚恳地道歉，以求得对方的原谅和理解。

对于自己根本没有能力办到或不想办的事情，最好及时地回绝。拒绝并不是简单地说一句："那不行"，而是要讲究艺术：既拒绝了对方的不适当要求，又不致伤害对方的自尊，也不损害彼此的关系。

聚会，搞好气氛很重要

无论是在饭店里还是在家里，搞聚会总需要一个牵头组织的人，这就是我们说的"主人"。毫无疑问，为了使聚会顺利、热烈地进行下去，真正达到增进关系、交流感情的目的，聚会的主人负有最大的责任。要想在聚会上营造活跃、热烈的气氛，主人一方面必须找到合适的话题，使大家在杯盏之余能够兴致盎然地畅谈起来，另一方面也必须恰当地应付好两种人：一种是过分滔滔不绝的人，另一种是沉默或木讪的人。如果主人能在这两个方面下足功夫，那么聚会的气氛就很容易调动起来了。

（一）找寻大家熟知的话题

主人要想调动聚会的气氛，防止出现冷场的尴尬局面，寻找到合适的话题是最重要的。所谓合适的话题，也就是能够促使聚会者津津乐道、相谈甚欢的话题，归纳起来不外有两种：一种是大家熟知的话题，一种是大家关心的话题。显而易见，在聚会中找寻大家熟知的话题有两大好处，首先是熟知的话题对每一个人来说都不陌生，每一个人都能够发表几句自己的看法，并且正因为熟悉，所以能够谈得深，谈得透，谈得妙趣横生，很容易把每一个人的兴致都调动起来；其次，大家熟知的话题往往牵涉到一些共同的体验和经历，因而在谈论过程中很容易激发共鸣，拉近彼此的心理距离。

（二）找寻大家关心的话题

除大家熟知的话题之外，大家关心的话题也能够迅速调动聚会的气氛。对这类话题大家可能并不十分熟悉，但出于关心还是忍不住说一说，问一问，一个人可能讲不出个所以然来，但大家七嘴八舌就马上热闹起来了，聚会的气氛也随之活跃起来。

那么，什么样的问题才是大家所关心的呢？粗略归纳，不外乎有两种：一种是牵涉到大家个人利益的问题，例如对同在一单位的同事来说，工资的涨落、领导的更换、本月是不是要多加班、国庆节是否组织公费旅游，等等，这些都牵涉到每个人的切身利益，因而大家都很乐意发表一番自己的见解。另外一种易为大家所关心的话题是那些能够让大家感兴趣的话题，这主要和聚会者的职业、个人爱好有关。例如，几位同事去餐馆聚会，感到没什么可聊的，聚会发起者小王无计可施之际，忽然想起几个同事中有三位是钓鱼迷，于是就赶快引出了有关钓鱼的话题，说："我前两天买了一杆海竿，刚用了一次就出了问题，正好向你们几位请教一下。"这一下几位钓鱼迷就来了兴致，先帮助小王解决钓竿的问题，进而又畅谈到了钓鱼的方方面面，最后竟聊起了谁的妻子最会烧鱼。聊到这里，那几个不太喜欢钓鱼的同事也兴致勃勃地加入进来，聚会的气氛十分热烈。可见，寻找大家关心的话题对于调动聚会气氛确实是非常有效的。

（三）如何对付滔滔不绝的人

在他尚未打开话匣子之前一定要找对话题，以便大家都能参与讨论，而不致让他一个人口若悬河地宣讲大家都不感兴趣的话题。

适当插话或提问，把对方的话题朝大家所希望的地方引导。

几位同事聚会，其中一人上了饭桌就大谈足球，而偏偏其他几人都对此不感兴趣。聚会的发起者张涛看到了这种情况，就问这位滔滔不绝的同事："你知道吗？咱们单位郑主任年轻的时候是市足球队的队长呢，后来检查出来患有先天性心脏病，只好退出了球队。提起郑主任的年轻时代，那可真是颇有传奇色彩，其间还有一段惊心动魄的恋情呢，不知你们想不想听？"这样，有关足球的话题就岔开了，大家又都来了兴致。

另起炉灶，孤立对方。在对方滔滔不绝时，你也没有必要非要惊扰，不妨先就大家感兴趣的话题跟身边的一两个人谈起来，然后慢慢扩大范围，直到多数人都开始津津乐道于此话题为止。滔滔不绝者再善谈，没有听众也就没了意思，自然就安静了。

委婉善意地提醒对方。例如，正当对方滔滔不绝之时，你可以端起一杯茶水敬过去，说："讲了这么久，一定口干舌燥了吧，先喝口茶润润喉咙。"在座者忍耐了好久，此时一定免不了开怀大笑，对方也就不得不在窘迫中有所收敛了。

（四）如何对付沉默寡言的人

要让沉默寡言的人开口说话，就要注意以下几点：

1. 探明其兴趣所在，然后将其感兴趣的话题作为大家谈论的话题。这就需要主人耐心地与沉默寡言者进行交流，了解其兴趣所在。一般来说，对方再不喜言谈，遇到自己感兴趣的话题也喜欢说几句的，特别是当他对某一问题的看法埋藏很深而终于得以发表出来时，他会获得很大的满足感，而这种满足感会促使他继续说下去。

2. 刺激刺激他，然后热忱赞美。例如在大家谈论某一问题时，你可以突然向一言不发的他发问："这位先生，能请教一下您的高见吗？"对方肯定会很尴尬，但是碍于面子，他不能不说几句。此时你再抓住"几句"中的闪光之处大加赞赏："您半天不说话，原来肚子里藏着这么精辟的见解。您能再详细讲一讲吗？"这样一来，对方的信心受到了鼓舞，也许会就此打开话匣子。

3. 给对方找一个"同道中人"。这是针对那些因教育程度、文化背景迥异而不想发言的人来说的。这些人不一定不健谈，关键是他感到自己无法与身边的人交流，有一种"道不同，不相为谋"的感觉。例如一位农民坐在一群知识分子中间，他就会感觉彼此有隔膜，甚至还有些自卑，因此他就不想发言。遇到这种情况，最好从在座者中介绍一位与他在某些方面有相似性的人，让他们从共同熟知或关心的话题出发聊起来。知识分子似乎与农民没什么相似地方，但没准儿有哪一位与该农民是同乡，你给两人介绍一下，也许他们谈谈家乡旧事或家乡新貌之类就相谈甚欢了。这样，虽然并不是所有人都找到了共同语言，但至少每个人都有话题可聊，聚会也就不至于冷场。

（五）如何对付言谈木讷的人

首先要有耐心和尊重的态度。千万不要显出急躁、不耐烦的情绪或对人家不屑一顾的表情，你越是这样对方就越着急，越着急他就越说不出话。无论对方说得如何结结巴巴，你都要目视人家的眼睛，耐心、恭敬地听人家说完。

随时准备把话送到对方的嘴边。言谈木讷的人不知是反应太慢还是词汇量太少，总之其特别突出的一个表现就是总是找不到合适的用词，因而常常一句话停在半路，再也说不下去。这个时候，你最好主动及时地把人家需要的那个词送到他的嘴边，同时做出很受启发的样子。例如，一位言谈木讷者在谈论"角球"问题时卡住了壳："这是、这是……"此时如果你明白他要表达的意思，最好帮他一把。这样，彼此间的交谈也就得以继续下去了。

最好选择一些对方熟悉且表达难度不算大的话题与之交谈，缓和他的心理压力。例如，如果对方是位搞个体养殖的农民，你最好多问问他所养殖的那些东西的情况，别问他一些你认为有趣但却令他很难回答的问题，这样你们之间的谈话就顺畅多了。

结婚喜宴，祝词要热烈温馨

结婚是人生大事，所以很多人都会邀请一些亲朋好友。作为当事人的亲朋好友，如受邀去参加婚礼一定要以合适的身份准备好祝福，即使新郎新娘没有委托你代表众人讲话，你也可以把准备好的短短的祝福词献给他们，这样无形中你会多了两个朋友，那又何乐而不为呢？

那么，该怎么说出祝福的话呢？这就要根据情况，不同身份的人，祝词也不尽相同，但不外乎以下几种：

（一）作为长辈时的祝词

在婚礼当中，作为一个长辈，不能在婚礼上说几句客套的祝词就算了事，他们既是您的晚辈，也是您的亲人，所以您的谆谆教导是最合适的祝词。我们不妨看看以下祝词：

"我是新娘的大伯，在这里我代表她所有的长辈首先祝他们小夫妻'生活甜美，白头到老'！

"在这盛大、隆重的喜庆场合，我本应多为你们祝福，多讲几句使你们高兴、愉快的话，可你们还小，不完全知道婚姻生活究竟是怎么一回事，因此作为过来人，我想借着这个说话的机会给你们一点忠告。

"婚姻生活就如在大海中航行，而你们俩没有一点航海的经验。这一片汪洋，风浪、风波总会有的，如果你们还在做梦，认为婚姻生活总会一帆风顺，那就快些醒来吧。婚姻是叫两个个性不同、性别不同、兴趣不同，本来过两种生活的人去共过一种生活，同吃、同住、同玩。世上又哪有口味、习惯、情欲、嗜好都完全相同的人，所以假定你们不吵架，就一点人情味也没有了。

"我的侄女，我诚实地告诉你，婚姻生活不是完全沐浴在蜜汁里，你得趁早打破少女时的桃色的痴梦，竖起你的脊梁，决心做一个温柔贤惠的妻子，同时还要担负起家庭事务的重担。我的侄郎，或许你不久就会发现别人的太太更加漂亮。要清楚，你的新娘并不是仙女，她只是一个可爱的女子，能帮你度过人生的种种磨难。唯有她，才是你一生可遇不可求的稀世珍宝。而世上这样的珍宝不多，所以你要加倍地爱惜和保护。

"我已经浪费了你们许多宝贵的快乐的时光，但我还要说一句长辈的愿望之话：希望你们互相信任，互相扶持，共同走完完美的人生之路。"

（二）作为领导时的祝词

当你的下属邀请你参加他们的婚礼时，作为领导，又是在这种喜庆的场合，你应该多说些鼓励、赞扬的话语。如果你确实又有诸如对新郎或新娘提拔、晋升、分房以及别的什么奖励的心愿，不妨在此说出来。这可增加他们的愉快心情，又能烘托出欢快气氛，真可谓锦上添花。下面一起看看这篇祝词：

"我是小韩单位的办公室主任——韩栋自从进公司工作后就一直是在我这里工作。我是看着他从年轻走向成熟并日渐老练的，所以我相信他今后会大有前途。他性情憨厚、朴实，乐于助人，很得人缘。公司上上下下都很喜欢他。如今他娶妻成家，这是他的大喜事，也是我们公司的一大喜事，因此我代表全公司同仁祝他生活甜甜蜜蜜,新婚快快乐乐！"

（三）作为同事及同窗好友时的祝词

作为同事、朋友，和结婚人彼此相知相识，所以祝福的语言自然不会是虚伪的客套。

"今天是秦耀东大喜的日子，说起来耀东和我有很深的缘分，我们不但是同学、同事还是同宿舍的挚友，因为我们毕业后分到一个单位又在同一宿舍住。

"前些天在街上偶然遇见他们，耀东把他的未婚妻介绍给我，当时就觉得他们是天生的一对。后来我们一起去看电影，他们两人低头私语、甜蜜非常，早把电影和我这个'第三者'忘得一干二净了。

"王小姐——不，秦太太，我要坦诚对你公开耀东的一个坏习惯，那就是晚上爱熬夜，我们同宿舍的人常深受其害。不可否认的，他是位很好的人。假如秦耀东的这一坏习惯能得到改进，你的功劳就非常之大了。

"最后祝福两位健康、幸福，并且再说一声恭喜恭喜！"

（四）作为一般人员时的祝词

也许你和当事人或许并不相识，但通过亲朋好友的牵线，你帮过他们的忙，出于对你的感激或因你的知名度，礼貌上他们请你说几句，盛情难却，那样欢乐的场面你又不好推辞，所以不得不整理一番思绪，开始你的祝福。

由于你和当事人的关系很一般，对于他们细枝末节的小事情不大了解，又不便以长者、亲朋好友的身份说些鼓励、亲切的话语，只能说些纯粹祝福的话语，但要力求脱离俗套、与众不同就比较困难一些，因为"祝生活甜蜜，爱情幸福"之类的话语前人已说了很多。你再重复似乎意义不大，因此你完全可以换一个角度，从当事人选择的结婚日子上着手引申展开你的话题，这样既能显出你的博学多才，又能表达你的美意。

总之，好的祝词不仅能烘托气氛，而且能温暖人心，使人深受鼓舞和启发。

也许你现在还默默无名，但对各种祝词你要了然于胸，这样到机会来了的时候，你就可以一展风采。

第六章　谈判时的说话艺术

投石问路巧试探

投石问路是谈判中一种常用的策略。作为买家，由此可以得到卖家很少主动提供的资料，来分析商品的成本、价格等情况，以便做出自己的抉择。

投石问路是谈判过程中巧妙地向对方的一种试探，它在谈判中常常借助提问的方式，来摸索、了解对方的意图以及某些实际情况。

作为买家，在讨价还价时，你可以提出下列问题：

"假如我们和你们签订半年的合同，或者更长时间呢？"

"假如我们减少保证，你有何想法？"

"假如我们自己提供材料呢？"

"假如我们要求改变产品的规格呢？"

"假如我们采取分期付款的方式呢？"

当你想取得对方的情报，获取所需要的信息时，可以提出下列问题：

"请问这批货物的出厂价是多少？"

"请问，提货地点在哪里？"

"究竟什么时候才能到货？"

当你想引起对方的注意，并引导他的谈话方向时，可以这样提出问题：

"您能否说明一下，这种类型的商品修理方法？"

"如果我们大批订货，你们公司能不能充分供应？"

"您有没有想过要增加生产，扩大一些交易额？"

当你希望对方做出结论时，可以这样提问：

"您想订多少货？"

"您对这种样式感到满意吗？"

"这个问题已完全解决了，我们可以签订协议了吧？"

当你想表达己方的某种情绪或思想时，可使用这类问话：

"我们的价格如此低廉，您一定会感到吃惊吧（表达炫耀的情绪）？"

"您是否调查过本公司的财务状况和信用（表达自信和

自豪的情绪）？"

"对于刚才那个建议，您的反应如何（引起他人注意，为他人思考指引方向）？"

总之，每一个提问都是一粒探路的"石子"。你可以通过对产品质量、购买数量、付款方式、交货时间等问题来了解对方的虚实。

同时，不断地投石问路还能使对方穷于应付。如果卖方想要拒绝买方的提问一般是很不礼貌的。

面对这种连珠炮式的提问，许多卖主不但难以主动出击，而且宁愿适当降低价格，而不愿疲于回答询问。

在谈判中，恰到好处地使用"投石问路"的方法，你就会为自己一方争取到更大的利益。

环顾左右，迂回入题

我们每个人对"环顾左右而言他"这句古话都不陌生，但在谈判中，如何运用它，也许不是每个人都熟悉的。在谈判中，特别是开谈之前，巧妙运用其法，将有利于你取得谈判的胜利。

谈判开始之时，虽然双方人员外表彬彬有礼，但往往内心忐忑不安。尤其是谈判过程中更是如此。因此，不能一碰面就急急忙忙地进入实质性谈话，要善于运用环顾左右，迂回入题的策略，一定要用足够的时间，使双方协调一致。因此，谈判开始的话题最好是松弛的，非业务性的。这样，可以消除双方尴尬状况，稳定自己的情绪，使谈判气氛变得轻松、活泼，为谈判成功奠定一个良好的基础。

环顾左右，迂回入题的做法很多，下面介绍几种常用有效的入题方法：

（一）从题外话入题

谈判开始之前，你可以根据谈判时间和地点，以及双方谈判人员的具体情况，脱口而出，亲切自然，不必刻意修饰，否则反而会给人一种不自然的感觉。

（二）从"自谦"入题

如对方为客，来到己方所在地谈判，应该向客人谦虚地表示各方面照顾不周，没有尽好地主之谊，请谅解等等。也可以由主人介绍一下自己的经历，说明自己缺乏谈判经验，希望各位多多指教，希望通过这次交流建立友谊等。

（三）从介绍己方人员情况入题

可以在谈判前，简要介绍一下己方人员的经历、学历、年龄和成果等，由此打开话题，既可以缓解紧张气氛，又不露锋芒地显示了己方的实力，使对方不敢轻举妄动，暗中给对方施加了心理压力。

（四）从介绍己方的基本情况入题

谈判开始前，先简略介绍一下己方的生产、经营、财务等基本情况，提供给对方一些必要的资料，以显示己方雄厚的实力和良好的信誉，坚定对方与你合作的信心。

取得谈判胜利的 9 种方法

谈判，是一种过程，也是一种较量，是谋略的较量，也是口才的较量，不具备一流的口才，是无法进入实际的谈判过程的，学好谈判的各种口才技巧，将使你出奇制胜，达成双赢。

下面我们一起看看有哪几种技巧：

（一）虚张声势

为了让对方产生一种立刻购买的欲望，在推销产品的谈判过程中，可恰当地给对方造成一点悬念，让他有点紧迫感，产生"现在是购买的最佳时机，否则将会错过很好的机会"的感觉，促使他立即与你成交。

比如你可以这样说："这种商品的原材料已经准备提价了，所以这种商品也将会因此而价格上涨的。"

或者说："我公司从下个季度起可能会因人手不够而减少这种商品的供应量。"

这种方法就是积极主动地去刺激顾客，调动顾客的购买欲，这在推销过程中是很重要的。如果你只是一味等待顾客来与你洽谈，让主动权掌握在顾客手中，你的推销谈判将不会成功。

（二）制造优势

谈判中双方在条件、地位等方面的优势，是起决定作用的。但是，谈判是一个动态系统，各项条件是可以变化的。在总体不利的时候，可以采用一些策略，来制造自己的优势。有些人在谈判中刚毅果断、不苟言笑；有些人更愿意谦恭节制、平心静气。无论哪种谈判风格，都是外在的表现形式，无法影响买家的立场。取得谈判的优势不在于你的言谈举止，关键是你能否改变双方心理优势的对比。

谈判双方的确存在着客观的差距。在一条产业链中，生产企业一定会在很多方面受制，比如彩电企业的产品价格受显像管企业的影响，当年四川长虹囤积彩管，其目的就是要建立客观的比较竞争优势；影碟机企业被几家掌握核心技术的芯片公司制约，每台机器将被索取一定的专利费。这些现实条件是无法改变的，你唯一能够改变的是双方的心理！在很多时候，谈判者心里的感觉或印象要比客观现实更具影响力和说服力。

如果谈判仅仅停留在客观条件的层面上，那就不再需要研究什么技巧了。谈判的优势存在于每个人的心智中，如果你能建立起比对方更佳的心理优势，能够改变对方的立场，那么你就能成交一笔出色的交易，无论你是买方还是卖方。

谈判桌上永远是虚虚实实、真真假假，信息的掌握也各有不同，买方会用尽各种办法让你相信他们比你更有优势。最常使用并且效果最佳的方法就是拿竞争对手来压你，他们会在事前对竞争者进行充分的调查，谈判时突然拿出数十张数据资料使你信以为真，这一招确实屡试不爽，缺乏经验的谈判者会立刻手足无措，顷刻间失去了所有的优势。通常在这种场景中，心理素质决定着谈判的优势。首先我们要明确一点，买家需要与你做交易，否则他们可以直接同竞争者合作，何必再浪费时间和精力与你讨价还价。既然各有所需，就不要被竞争者的报价所迷惑，坚定你的谈判立场，不要轻易做出让步。

（三）逆向思维

在商务谈判中，如突遇紧急情况百思不得其解时，可以从反向角度即倒过来想想看，有时能取得意想不到的效果。

美国谈判专家尼尔伦伯格曾与他的合伙人前去参加某家飞机制造厂的拍卖，该工厂属政府所有，总务管理局决定，拍卖时谁开价最高就卖给谁。合伙人弗莱德和尼尔伦伯格商定，在充分估算其资产价值的基础上决定出价 37.5 万美元买进。在拍卖现场，已有百余人捷足先登。竞价开始后，尼尔伦伯格开价 10 万美元，紧接着就有人加到 12.5 万美元，待尼尔伦伯格再叫到 15 万美元时，又有人加到 22.5 万美元。这时，弗莱德不再应叫，拉着尼尔伦伯格离开了拍卖现场。尼尔伦伯格大惑不解。

在场外，弗莱德解释说，他读了出售通告，按照此次拍卖规则，如果政府认为出价不够高，就将拒绝出售。他们的出价在投标者中位居第二，所以拍卖人一定会来和他们联系，告诉他们，那个 22.5 万美元的报价已被否决，问他们是否愿意再报一个价。到那时，他们就可以出个较高的价，同时要求政府做出一定的让步，比如要求政府同意以抵押方式支付一部分价款等。

弗莱德的估计一点儿不错，在不到一周的时间里，上述几件事情都一一发生了。这就是弗莱德逆向思维的效应。

如果他们一味地在拍卖场上与竞争对手较量，很可能突破预订的 37.5 万美元的最高报价，从而失去收购的机会。而采取逆向思维的做法，不仅控制了价格，还成功地收购了该厂。

（四）装聋作哑

卡耐基指出，在谈判中，正确的答复未必是最好的答复。应答的艺术，在于知道什么应该说，什么不应该说。对有些问题不值得答复，可以表示无可奉告，或置之不理，或转换话题；对有些问题回答整个问题，倒不如只回答问题的一部分更有利；对有些问题不能作正面回答，可以采取答非所问的回避方法。这类应答方式，称之为躲避式应答。

谈判中，回答对方的问题之前，要让自己获得充分思考的时间。争取充分时间，可以请对方澄清他所提出的问题。例如：

"请您把这个问题再说一次。"

"我不十分了解您的意思。"

也可以借"记不太清楚了"，"资料不够完备"，"我们对这个问题尚未做认真地考虑"等话，来拖延答复的时间。

总之宁可装聋作哑，大智若愚，也不能自作聪明，给人抓住把柄。

运用"装聋作哑"谈判技巧，常用的词语有：

"这个问题么，要看情况而定。"

"对于这件事情，我没有直接经手，但我听说是这样的。"

"结论先不忙下，还是让我们谈谈事情的经过吧。"

"在我回答这个问题之前，你必须先了解一下事情的来龙去脉，那是开始于……"

"那不是'是'或'否'的问题，而是程度上的多少问题。"

"这是一个一般性的问题，通常的处理方法是……"

"你应当知道，事情绝非只这一个原因，还有许多因素都能导致这种后果，比方说……"

"我不想谈论这个问题，但是……"

"我不想谈论这个问题，因为……"

"这是一个专门性的问题，让我们下次再专门讨论吧！"

"请把这个问题分成几个部分来说。"

对对方提出的问题，也可以佯装没听见，当然就用不着回答了。

（五）刨根问底

面对回避和含糊不清的问题，多问些为什么。

作为一个精明的卖主，必须能够寻找出对方可以妥协和让步的地方。对方在哪些方面躲躲闪闪，哪些地方避而不谈，便可以此为突破口，击中对方的要害。这时你需要有穷追不舍的精神，打破砂锅问到底，最好的方式是多问"为什么"。

如果对方继续解释，就可以抓住他的要害，从而解决问题。

同时，聪明的买主，也会经常提出一些含糊不清的问题，这问题也是可以做多种解释的问题，目的是套出对方的话。

针对这些问题，在你没有了解对方的意图或问题本身的含义之前，千万不要轻易回答，更不要做正面回答，你最好回答一些非常概括、原则的问题。轻易地将自己一方的真实情况毫无保留地泄露给对方是极不明智的。

（六）有的放矢

有的放矢是谈判语言表达针对性原则的实际应用。然而，面对着不同的谈判对象，谈判者要真正能娴熟、有效地运用却并非易事。要知道，纸上谈兵终不如人们在谈判实践中的体会来得真切与深刻。谈判语言表达的方法与技巧更需要人们在谈判实践的过程中进一步去总结、思考、提高。

我们以话剧《陈毅市长》中陈毅与化学家齐仰之的一场成功对话来进行分析。

剧中的齐仰之，因被国民党搞得心灰意冷，闭门谢客，并规定了"闲谈不得超过三分钟"的禁令。身为共产党新任市长的陈毅，为动员这位试图与世隔绝的老化学家参加新中国的建设，下了很大的决心并费了不少周折才敲开齐仰之的家门，下面是他们的对话：

陈毅："齐仰之先生虽是海内外闻名的化学家，可是对有一门化学，齐先生也许一窍不通！"

对于潜心于化学研究的齐仰之来说，他所关心的莫过于化学了，现在听说还有一门化学自己一窍不通，便要问个明白，他自己先解除了禁令。

齐仰之："今日可以破此一例，请陈市长尽情尽意言之。"

当陈毅向他说明了共产党的"化学"之后——

齐仰之："这种化学，与我何干，不知亦不为耻！"

陈毅："先生之言差矣！孟子说：'大而化谓之圣。'社会若不起革命变化，实验室里也无法进行化学变化。齐先生自己也说嘛，致力于化学 40 余年，而建树不多，啥子道理哟？齐先生从海外学成归国，雄心勃勃，一心想振兴中国的医药工业，可是国民党政府腐败无能，毫不重视。齐先生奔走呼吁，尽遭冷遇，以致心灰意冷，躲进书斋，闭门研究学问以自娱，从此不再过问世事。齐先生之所以英雄无用武之地，岂不是当时腐败的社会造成的吗？"

齐仰之："是啊，归国之后，看到偌大的一个中国，举目皆是外商所开设的药厂、药店，所有药品几乎全靠进口……这真叫我痛心疾首。我也曾找宋子文谈过兴办中国医药工业之事，可他竟说外国药用也用不完，再搞中国药岂不多此一举？我几乎气昏了……"

陈毅："可如今不一样了！……如今建国伊始，百废待举，这不正是齐先生实现多年梦想，大有作为之时吗？"

齐仰之："你们真的要办药厂？"

陈毅："人民非常需要！"

齐仰之："希望我也……"

陈毅："否则我怎么会深夜来访？"

此时齐仰之才如梦初醒，承认自己一是"对共产党的革命化学毫无所知"，二是"自己身上还有不少酸性"。

陈毅："我的身上倒有不少碱性，你我碰到一起，不就中和了？"

齐仰之："妙，妙！陈市长真不愧是共产党人的化学家，没想到你的光临使我这个多年不问政治、不问世事的老朽也起了化学变化！"

陈毅："我哪里是什么化学家呀！我只是一个剂，是个催化剂！"

大家熟知，陈毅是行伍出身，又是党的高级干部，一向以坦率耿直著称。为实现说服齐仰之的"谈判目的"，就要克服重重障碍，包括转变自身传统语言表达风格的困难。对此，陈毅确实需要下很大的决心。这场谈判的成功，一是在于陈毅针对齐仰之的职业特点，以"化学"话题作为突破口，使齐先生自动地取消了自己设置的"禁令"；二是陈毅针对齐先生作为传统文人的身份和一生中一再碰壁的经历，在谈论用词上颇为用心。例如陈毅使用了"差矣""才疏学浅""孟子说"，以及"碱性""中和""催化剂"等化学名词。这种有的放矢的语言表达技巧，终于使原本拒不见客，心灰意冷的老化学家重新燃起已冷却多年的事业心，投身到新中国建设事业的行列中来。陈毅的"谈判目的"通过运用有的放矢的语言技巧，最终顺利实现。

（七）舍小求大

谈判中有一条原则，叫作"统筹计算"。在许多综合性谈判中，议题往往有好几个，具体争论点可能会更多。善于谈判的人不是处处都"以牙还牙"，寸步不让，而是做到让少得多，让小得大。谈判中时刻要有全盘的统筹计划，这才是聪明而又高明的谈判家。谈判中有些无关紧要的问题，最好不要争论。请看下面这个例子：

第二次世界大战结束不久，美方卡耐基等与英方史密斯等举行了一次会谈。谈判还没有进入正题时，英国一位先生说："'谋事在人，成事在天'这句话出自《圣经》。"卡耐基纠正说："这个成语不是出自《圣经》，而出自莎士比亚的《哈姆雷特》。"结果两人争得面红耳赤。美方的葛孟在桌下用脚踢了卡耐基一下，说："卡耐基，你弄错了，英国朋友说得对，这个成语出自《圣经》。"在回去的路上，葛孟说卡耐基因小失大，为争一个成语，撇下了谈判的主题，破坏了气氛，这是得不偿失。葛孟又说："真正赢得优势，取得胜利的方法绝不是这种争论，这样的驳论有时能获得优越感，但是却永远得不到好感。"

从根本上说，以上争论的两人，都是凭意气用事，忘了谈判的"统筹"原则和舍小求大的技巧。

（八）打好外围战

谈判中，面对面之外的外围战相当重要。先外围后内里，先低层后高层，先幕后再公开，在谈判场外找到双方的共同点，可以为场内谈判造就相对优势。谈判中的外围战，是联络感情、沟通信息、影响对手的手段，是对正式谈判的一种补充。

（九）限时限量

给优柔寡断的人一个"千万别错过"式的暗示。

"迷惑"是人类心理状态的一种，在人的潜意识里，总认为还会有更好的存在。人的意识深处都藏有相当浓厚的寻求更好的欲望，这种欲望就是造成"迷惑"的主要原因。

妨碍果断行动的潜在心理，往往都是因为"还有"的意识存在。如果在限定的时间内，迫使对方做出决策，他就能够在很短的时间内做出决定。

比如在销售谈判中，卖方对正在犹豫不决、无法下决心购买的买方可以这样说：

"错过今天，明天就要涨价了。"

"如果你方不能在月底之前给我们订单，我们将无法在下个月交货。"

买方也可以说：

"我方再过半个月之后就无力购买了。"

"我方要在月底前完成全部订货。"

"这是我们的生产计划书，如果你们不能如期完成，我们只好另找门路。"

当然，限定的方式并不只是时间，也可以表现在数量上：

"存货不多，欲购从速。"

"只送给前 50 名购买者。"

积极突破谈判中的僵局

谈判中有时会出现让人不愉快的僵局，究其原因主要是双方各执己见，互不让步而造成的。参加谈判的人往往是一个公司的代表，或是一个组织的代表，甚至是一个国家的代表。他们的谈判地位决定了他们不能动摇自己的立场，否则会损坏企业、组织、国家的形象以及个人的信誉与尊严。如果经常变化立场，变化态度，往往会让人觉得你软弱，没有实力地位。所以，谈判者要力图保持自己的尊严，不要做有损于面子的事，即使要让步，也是在不失面子情况下的让步。

那么，怎么才能做到不失面子呢？一般情况下，要让对方认为，你这个让步是在已经获得某种利益或好处的情况下的让步，而不是被他的强硬态度所征服。同样，如果想要对方让步，也要让对方觉得你有同样的感觉。

谈判中，出现僵局是双方都不愿看到的事情。但谈判时分歧是不可避免的，所以僵局的出现也非偶然。那么一旦出现僵局，我们采用什么方法解决呢？

（一）谅解疏导

当谈判出现意见对立的僵局时，双方除了要注意冷静聆听对方对自己观点的阐述外，还要变换自己谈话的角度，善于从对方角度解释你的观点，寻找双方共同的感受。从共同的信念、经验、感受和已取得的合作成果出发，积极、乐观地看待暂时的分歧。这种僵局的出现双方都是有责任的，因此在处理时，不要总是相信只有自己是有道理的，要多为对方想一想。

（二）求同存异

它是指双方在某一问题上争执不下时，提议先议另外一个容易达成一致意见的问题。例如，双方在价格条款上僵持住了，可以把这个问题暂时放下，转而就双方易于沟通的其他问题交换意见。事情常常会这样，当另一些条款的谈判取得了进展以后，如对方在付款方式、技术等方面得到了优惠，再回到价格条款上来讨论时，双方已经从态度、方法上都发生了根本性的转变，谈判中商量的气氛也就浓厚起来。

（三）沉默是金

实践证明，沉默是一个十分有利的谈判工具，运用得好，对方会慌乱起来。使用这种战术，事先应做好谋划，在僵局出现时，要能有效地约束自己的反应。虽然沉默不语，但表情却颇有含义。因为有时情况不允许我们多讲，少讲一句也许会使我们更加主动。

（四）更换人员

把双方单位的头面人物即领导人，如董事长、总经理、总裁等请出来参加谈判，有时甚至需要请一个中间人，由他来主持双方的谈判。

（五）更换场合

如果上面的方法都行不通了，那只有把谈判场合变更一下以改善一下谈判气氛。也就是将会议上的正式谈判变成会外的非正式谈判，如双方打打高尔夫球，举行一下宴会、酒会，在这样的场合下再进行谈判。

（六）暂停谈判

谈判一旦陷入僵局，不妨提议休息一下，即采用休会策略，等休息结束后，双方也许会有一个新的精神面貌，原先处于低潮的，也可以回避过去。之后再提出可以接受的而又能打破僵局的方案，重新开始谈判。

增加谈判成功的可能性

（一）顺利促使重新谈判

一名球星高高兴兴地和一支球队签订了 5 年打球合同，5 年报酬总计 2000 万美元，平均每年 400 万美元。这足以使他成为这项专业运动中最富有的运动员了。两年后，球星发现，球员们的薪水普遍提高了 50%。现在，与他同一水平的球星和部分比他低一级的球星签订长期合同，每年薪水高达 700 万美元。他非常嫉妒别人，觉得自己受了伤害。他逢人便说他更值钱，要求对他的合同进行重新谈判。

这样做好不好？当然不好。合同就是合同，人人都应该遵守合同，即使它对对方有利。如果说球星不喜欢原来合同的内容，他就不应该在合同上签字。

而且，对公众和新闻媒介公开发表对合同的不满是愚蠢的做法。把合同的分歧公开化，为谈判增添了不必要的障碍。本来每个人说的做的都是个人事务（比如工资单），现在却突然对外公开了。谈判时这种人一只眼睛盯着合同内容，另一只眼睛盯着同级球星。

这里的真正问题是：球星不能这样粗暴无礼地对待重新谈判。显然，他需要学习一些重新谈判的艺术规则：

1. 在双方最高兴的时候，提出重新谈判。重新谈判或者续签合同的最佳时机是，当双方的关系最为满意的时候。它既可以是你签订 5 年期限合同一个星期后的某个时间，也可能是两年后的某个时间。重签或者续签合同，没有任何法律限制你们的时间。

然而，糟糕的是，许多人常常在最不利的时机提出重新谈判的要求：他们感到自己在合同的双方关系中处于吃亏的位置；或合同即将到期，他们的谈判位置可能就不是最好的位置了。

当你的委托人公司刚刚宣布良好的利润纪录的时候尽管这些事情与合同无关，或者你刚刚得到他们的表扬和奖励的时候，就是你提出延长合同期限谈判的有利时机，这时，他们沉浸在喜悦之中，可能显得最为慷慨大方。

2. 把"重新谈判"写进合同。客观环境的变化，导致人们重新谈判。如果双方都认识到客观情况发生了变化，并一致认为有必要修改合同内容，那么重新谈判就是顺理成章的了。

帕特里克·伊文是纽约职业篮球队的高价球星。他在签订为期 10 年的合同中有这样一条内容：任何时候，只要他不是 NBA 全美职业篮球联赛前 4 名身价最高的球星之一，合同对他就不再有效。这相当于他可以随时修改合同条款，而他的身价只会升，不会降。如果球星身价普遍下降，他又不会受到影响。

只要有可能，我们就会把这种"调整性条款"写进合同，如果一名年轻的球星高兴地接受了 100 万美元的年薪。两年后，他成了超级巨星，身价就会倍增。这时候，100 万美元的年薪就显得太少了。我们的合同应该及时反应球星的这种潜力和变化。当他的身价增长时，我们就应该重新举行谈判，或者不经谈判，根据情况变化，主动增加他的报酬。

这种合同不大可能引起争论，只可能使合同持续的时间更长。

3. 给对方增加竞争对手。在要求重新谈判时，如果你能向对方暗示还有感兴趣的第三方想和你签约，对方为了战胜竞争对手，可能非常乐意和你重新谈判，延长合同时间（即使没有法律方面的原因促使他们这样做）。

美国一位唱片公司的老板深谙此道，他讲过这样一件事：

很久以前，我们公司艺术业务部和一名年轻的小提琴家签订了制作录音带的合同。在合同中，小提琴家的报酬并不高，但是他每年能出两张专辑。等到合同期满时，小提琴家已经拥有 10 张个人专辑。对于一个正处于发展中的年轻艺术家来说，这是一个了不起的成就。

实际上，小提琴家在第三年就走红了，他的专辑非常畅销，商业利润也相当可观。我们有必要和他延长合同时间，但是这样一来，我们就成了"砧板上的肉"，可能要接受小提琴家的高额要价。

然而，出于对前途和名声方面的因素考虑，小提琴家没有主动提高要价，他对自己的现状很满意。

于是，我们没有明确告诉他我们想延长合同时间的打算。但是在合同的最后两年时间里，我们让他知道还有别的艺术家主动提出和我们合作。当然，我们给的酬金会更高，计划制作的专辑会更多，投资也会更大，艺术家对作品和制作人有更大的决定权，等等。这样一来，我们轻而易举地延长了合同期限。我认为不会有人认为我们是在拿着刀子宰他们。

（二）用非正式谈判代替正式谈判

不论正式的谈判或非正式的谈判，实际上都只是买卖双方在交换意见而已。在非正式的谈判中，大家可以无拘无束地谈话——可以谈双方公司里不合理的规章，也可谈增进彼此感情的事情，如孩子、太太和偏高的税金等。这些谈话就像润滑剂一样，可使问题得以顺利解决，同时还能在非正式的情况下，评估对方的人品。

非正式的谈判还有一项常被忽略的好处：借助它，谈判双方的幕后主持人得以私下交谈。比方说，公司指派张三为采购小组的领导人，但实际上却由工程师李四执行，因为李四对于货品的了解比张三丰富，且能以更便宜的价钱洽购。在非正式的谈判里，李四就能够从容出面商谈，而又不致牵扯到身份的问题了。

当正式的谈判触礁时，非正式的谈判更是不可缺少了。在会议桌上，实在难以启齿求和，可是，在酒醉饭饱的时候，只要几句话就能把愿意妥协的态度全部表现出来。此外，为了要研究问题的细节，一连串的社交活动也是必要的。这种公私兼顾的法子，既能解决问题，又能不失面子。

（三）采用"旁敲侧击"的策略

每个商谈都有两种交换意见的方式。一个是在谈判中直接提出来讨论。另外一个则是在场外，以间接的方法和对方互通消息。

间接交流的存在是因为有实际的需要。一个谈判者可能一方面必须装出很不妥协的姿态给己方的人看；另一方面又必须在对方认为合理的情况下和对方交易，以达成协定。不管是买主或者卖主都会有这种双重压力的困扰。这也就是谈判双方会建立起间接谈判关系的原因。

每一件事情并不一定都要在会议桌上提出来。彼此建立起来的间接关系，能使消息在最少摩擦的情况下传达给对方。假如对方拒绝这个非正式提出的条件时，双方都会知道，同时也不会有失掉面子的忧虑；倘若这个条件在谈判时被正式拒绝了，则很可能会引起对方的指责，而导致双方感情的破裂，造成不良影响。

所以，间接的沟通方式，可以帮助谈判者和公司在不碍情面的情形下，偷偷地放弃原先的目标。而某些偏差了的目标也可以借由半正式或非正式的沟通方式加以修正。以下所列的方式足以用来弥补正式会谈的不足：

1. 有礼貌地结束每一次谈话；

2. 在正式谈判之外，另外再秘密地讨论；

3. 用降价来探测对方的意见，或者故意放出谣言；

4. 故意遗失备忘录、便条和有关文件，让对方拾取而加以研究；

5. 请第三者做中间人；

6. 组成委员会来研究和分析。

第七章　两性相处中的说话艺术

如何赢得异性的喜爱

在我们这个时代，人们眼中的有才华的人，往往首先是一个善于表达的人。而如果你只是在同性面前善于表达，从而赢得了同性的喜爱，那只能说是成功了一半，因此，你必须想办法赢得异性的喜爱。

但是，如果你是一位男士，你可能经常遇到这样的情形：当你在和男士谈话的时候，你可以轻易地做到口若悬河、滔滔不绝；而当对面坐着一位漂亮、可爱的女士的时候，你可能就会呆若木鸡，连一句完整的话也说不上来。

异性交往有着无穷的乐趣。在异性面前，每个人都希望自己能够像平时一样伶牙俐齿、妙语连珠。但是也许正因为这种表现的欲望过于强烈，每个人在与异性交谈时都或多或少地存在紧张感。其实，只要掌握一些基本的原则，要做到成功地与异性交谈、赢得异性的喜爱，就可以变得十分轻松。

（一）礼貌有节

任何社交场合都需要一定的礼仪，异性交往尤其如此。众所周知，男性和女性的性格是各不相同的，男性偏向于坦诚、直率，而女性则委婉、含蓄。在此基础上，礼貌主要表现在尊重各自的差异方面，而这也构成了异性交往的前提。

俄罗斯有一句谚语：男人靠眼睛来爱，女人靠耳朵来爱。这句话对我们的启示是，男人往往更加重视视觉效果，而女性则对动听的语言更加注意。在与男性的交谈中，任何一个不雅的举动都可能会被他收入眼底；而在与女性的交谈中，我们的任何一句令人不悦的词句都会被她装进耳朵。

另外，性别对于接受是有影响的。同样的一句话，对不同性别的人讲，可能意味着不同的意思。一般来说，男性能承受比较直率、干脆、粗放的话语，而女性则更加喜欢委婉、轻柔、细腻的话语。

因此，考虑到性别差异，你就不能把一些同男性说的话同样地诉说于女性，这样会冒犯对方的。

比如，对于陌生的或者不太熟悉的女性，不应该问及她的年龄，也不应该贸然地问她的家庭情况，因为这都会被认为很冒失、没有礼貌。而同样的问题如果问及男性，这样的不佳效果就不会产生。对男性说的话可以粗放、豪爽一些；但是对女性却不能说同样的话。特别是开玩笑时更应该注意程度和对象。

（二）话语投机

如果注意观察，我们可以发现这样一种情况：男性交谈的话题往往是较公开性的，比如社会、时事、政治等等；而女性交谈的话题往往是较私人性的，比如服装、孩子、家庭等。注意到这个区别，对我们寻找合适的话题有很大的帮助。

有这样一对情人：男孩先是喋喋不休地谈论公司的事，

然后又兴致勃勃地谈论起国家大事；而女孩却在旁边心不在焉，只是因为不忍心打断男孩的谈话，所以不得不一直装作对他所谈论的东西很感兴趣。这样，本来是关系十分亲密的情人，却因为话不投机而出现了冷冰冰的局面。

这就是由于异性的话题差异而导致的结果。男孩并不知道女孩对什么东西感兴趣，所以找了这个话题来讲，并且认为既然女孩并没有表现出不耐烦，就代表她也对这个话题感兴趣。其实只要他稍加注意，就可以发现问题的所在。

男性和女性的谈话是有十分明显的差别的。一般而言，在男性面前，大多数女性并不会主动引导话题、滔滔不绝，她会更加愿意做一个倾听者和跟随者；表现在谈话中，她的话会显得比较含蓄。这时候，谈话的主动权一般都掌握在男性手中。而一场谈话的成功与否，主要是由男性控制的。

（三）赞美对方

任何人都喜欢被称赞。由于人们都希望赢得异性的好感，所以异性的称赞对他们来说就更加重要了。可以说，赞美，是赢得异性好感的最好的方法。

如果一个男人采取了某种行动，进而得到了对方的赞同，他就得到了自己希望得到的最高的赞赏。比如，如果女性对他欣赏的电影评论说："这真是一部十分有趣的电影。"这等于在说："你真是一个有趣的人。"这种肯定的引申意义，确实是不可思议的。

相对而言，女人则更加喜欢得到直接的赞美。当一个女人被称赞"你今天真漂亮"的时候，这会让她——如果她开始心情不那么好的话——变得高兴起来。需要注意的是，如果说男人喜欢听到"今天晚上很愉快"，那么女人则更加喜欢听到"你今天晚上真迷人"之类的话。

（四）保持神秘

在心理学上，保持神秘感是一个人拥有持久魅力的不二法门。很多人抱怨他们结婚之后爱情就走向了灭亡，这在一定程度上就是因为丧失了神秘感。这种抱怨不能不说有一定的道理。

与此相反的观点是，人与人交往应该真诚、直率，说话应该直截了当。但是我们可以说，异性在交往的时候却并非如此。

我们的确需要向对方敞开心扉，但是这却是在一定程度上的"敞开"。可以这么形容这种程度，即能够让对方发现你有一定的吸引力，但是却并不完全坦白。

实际上，正是因为男女之间具有很多的不同，才让异性交往显得神秘，并且具有十分强大的吸引力。而如果你一开始就展示了你的全部，那么也就在一定程度上丧失了这种吸引力。

社会交往中忽视性别差异

如果你同对方的交谈是一种以社会交往为目的的异性交谈，那么，你最好在一定程度上忽视对方的性别特征，这样才能做到自然、和谐，才能消除紧张心理，也只有这样，才能够在客观上帮助你赢得异性的好感。这一点很好理解：正因为这种差异的存在，你才会想到在交谈的过程中应该取悦对方，才会郑重其事。当然，忽视性别差异并不意味着你可以不拘小节，因为所有谈话都是需要注意礼仪的。

当一个人出现在许多异性中的时候，这时候你们的话题可以是那些适合大多数人的。

如果他们大多是男性，自然不能寻找那些家庭或者孩子等较私人的话题，以勾起少数女性的兴趣。作为一个女性，如果你处在这样的环境之中，最好倾听他们的谈话；如果可能的话，还要表现出极大的兴趣。这样，你才能够取得社交的成功。

甜言蜜语让爱情更上一层楼

男女相处的时候，有时甜言蜜语非常受用，尤其是爱侣已到了接近谈婚论嫁的阶段，不妨大胆些，在言语间多放点"蜜"。沐浴在爱河中的人，是不用客套的字眼的。任何海誓山盟，"爱你爱到入骨"的话也可以说，不必怕肉麻，除非你并不爱他。与他久别重逢时你可以讲：

"好像在做梦，多么希望永远不要清醒。"你以充满爱意的眼神望着他："总是惦念着你！别的事我一概不想……我感觉好像一直跟你在一起。"

这是"无法忘怀、时时忆起"的心境，只要谈过恋爱的男女，一定有此体验。

除了他以外，任何事都不放在眼中，总是想念着他。上面那句话不用怕羞，可以反复使用。相爱之初，热烈的甜言蜜语绝对不会使人感到厌烦，也许还认为不够呢！

"你喜欢我吗？"你不妨大胆地问他。

"说说看，喜欢到什么程度？"或用这样的语气追问。

"请你发誓，永远爱我！"甚至你单刀直入地这样对他撒娇说。

"世界是为我们而存在，对不对？"

"你爱我，我可以抛弃一切！你也是这样吗？爱就是一切。"

不要以为甜言蜜语说出来就是为了一时的气氛，仅仅是为了逗对方开心。甜言蜜语对整个爱情的加固都起着重大作用，它是爱情运转的润滑剂。

"如果你爱我，有什么为证呢？"这是女人经常挂在嘴边说的话。女性就是希望在有形的、眼睛和耳朵都能感觉到的形式上确认"自己对他是不可缺少的人"。

例如，恋人之间在见面的时候，男方没有抱抱她的肩或握握她的手，她就要怀疑他是否爱她，甚至因此而解除婚约的也大有人在。妻子新做的一个发型，或穿上了一件新衣服时，做丈夫的假如一言不发，她会认为你无动于衷，这样她就会感到不满。

女性要求认可的欲望很强，恋爱中的更不用说了，就是在结婚后，女人也爱问："亲爱的，你爱我吗？"她时常要求确认"爱"，而对此感到退却的大多是丈夫。在男人看来，不管如何爱她，"我爱你"这三个字只要讲过，就不想说第二次。男人总是这样认为，我是否爱你，可以在实际行动中表现出来。

可是，对女性来讲，语言比行动更为重要。假如男人不在她们耳边重复地说"我爱你"，她们就认为不能与对方沟通。处于幸福、甜蜜状态的女性，都是根据丈夫的"爱语"或反复的动作得到安心和了解的。

因此，满足这种心理是男性的任务，"我爱你""我喜欢你"这些话对女性是非常重要的。她们认为这样是女性显示内在价值和魅力的标志所在。

当她们想要得到认可的欲望被满足后，她们就会心安理得安安分分地去做一个好妻子，爱情就会变得更加和睦。

通常，男子都爱花言巧语，何不把美丽的话语多用在妻子身上呢？

"你这一身打扮真是漂亮极了，让我好好看一看。"

"你总是那么迷人，来，跟我坐会儿。"

"别太累，待会儿我帮你做，咱们到河边散散步,好吗？"

"你这两天太辛苦，我带你出去吃一顿。"

"我们单位的同事都夸你贤惠能干。"

"拥有你是我最大的福气。"

"别生气，一生气你会变丑的，不信去照照镜子。"

"等我有钱了，好好带你去外面走走，咱们两人重新过一次蜜月。"

"你脸色不大好，身体哪儿不舒服吗？"

"你早些休息，今天的事我来做。"

"还记得我原先写给你的情书吗？"

"我给你买了你最喜欢的歌曲专辑。"

"你一生都会爱着我吗？"

"你不要对我这么凶，好吗？我心里很伤心。"

"这个家没有你，简直就难以想象。"

"我老婆做的菜真好吃。"

"你真伟大。我怎么想不到呢？"

"结婚纪念日我们去照张合影吧？"

"爬高爬低的事我来做，你别上上下下的，小心些。"

"《结婚的爱》我看了，写得真好，你看看吧。"

　　总之，做丈夫的要把你的爱通过甜言蜜语表现出来，让她时刻体会到你深爱着她，并时时创造一种美妙的生活环境取悦于她，那样你们的感情会一天比一天深厚，妻子对你的爱也会一天比一天深。这对于你并不麻烦，同时她的愉快传染给你，成为两个人的愉快；她的美丽心情成了你的财富，丰富你的情感生活。

　　很多人在谈恋爱时把恋人看得很完美，花前月下，卿卿我我，有时明知道对方的某种缺点自己难以接受，可指出来又怕伤害对方的感情，于是就装出一副菩萨心肠，一忍再忍。其实这和父母溺爱孩子一样，终究会酿成苦果的。那么，年轻的恋人怎样既能指出他（她）的缺点，又不伤他（她）的心，更重要的是还要让他（她）接受你的意见呢？

其实有许多窍门，比如对对方进行旁敲侧击，促其反思并改正。

某局长的千金小徐和本单位的小李谈恋爱时总是显示出某种优越感，因为小李是农家子弟，大学毕业分在局里做科员，没有什么"靠山"。有一次小徐到小李家做客，对小李家人的一些生活习惯总是流露出看不顺眼的情绪，并不时在小李耳边嘀嘀咕咕。吃过晚饭把小姑子支使得团团转，又是叫烧水又是让拿擦脚布什么的。小李看在眼里很不是滋味。他借机笑着对妹妹说："要当师傅先做徒弟嘛！你现在加紧培训一下也好，等将来你嫁到别人家里，也好摆起师傅的架子来。"小李这么一说，小徐当时似乎听出了什么，过后不得不在小李面前表示自己有些过分了。

小李不失时机地用"要当师傅先做徒弟"的俗语来提醒

小徐，避免了直接冲突。即使对方当时略有不满，过后也会有所感悟。

当对方的所作所为引起自己的不满时，也可用诙谐的言谈让对方笑着接受自己的"不满"。

雅倩非常喜欢跳舞，男友小张偏是个好静的人，正参加自学考试，但常被她拉去"看"舞。雅倩有个很不好的习惯，不跳到舞厅关门不尽兴，久而久之小张就受不了了。有一次他们从舞厅出来已是夜里 12 点多了，小张说："你的慢四跳得很棒，我还没看够，你一路跳回宿舍怎么样？"雅倩撒娇说："你想累死我啊！"小张一副认真的样子："不要紧，我用快三陪你跳。"雅倩扑哧一乐："亏你想得出，丢下我一个人也不怕我碰上流氓？"小张这时言归正传："那你在舞厅丢下我一个人也不怕我打瞌睡被人掏了包儿？"雅倩这时才知道男友压根儿没有兴趣跳舞，以后就有所收敛了。

对恋人的不满不用憋在心里，可以适当对对方提出自己的意见，但是要用对方法，否则只会破坏感情而于事无补。

婚姻生活切忌唠叨不休

大文豪列夫·托尔斯泰是世界上最伟大的作家之一，他的《战争与和平》《安娜·卡列尼娜》是世界文学史上不朽的名著，他因此而拥有了耀眼的名望、财富和社会地位。但是，这些对人们来说最宝贵的东西却丝毫没有使他的婚姻变得幸福；相反，可以说，他的婚姻是他这一辈子最大的悲剧。

托尔斯泰认为金钱是一种罪恶的东西，因此他想要放弃他的作品的出版权，不再对他的作品征收版税。但是他的妻子是个过惯了奢侈生活的人，她这一辈子最重要的工作之一，就是为这个问题对托尔斯泰不断地进行责骂和唠叨。在地上撒泼打滚是她经常使用的伎俩，她甚至要挟托尔斯泰：如果他再阻止她得到这些钱，她将会服毒自杀。

由于再也不能忍受家庭和婚姻对他的折磨，托尔斯泰在他 82 岁那年 10 月的一天——那天正下着大雪——离家出走了。他宁愿在寒冷的黑夜里漫无目的地行走、忍饥挨饿，也不愿再见到那个可怕的女人。11 天后，人们发现他死在一个火车站的候车厅里，那时候一个亲人都不在他身边。而他的遗言，却是不许他的妻子出现在他身边。

当托尔斯泰去世的时候，妻子终于意识到了她给这位伟大的人物所带来的痛苦，只是一切都已经太晚了。她临终的时候对她的儿女说："你们父亲的去世，是我的过错。"听到这样的话，他们的儿女能够说些什么呢？他们都知道这是事实——正是她没完没了的唠叨把托尔斯泰给害死了。

破坏爱情和婚姻的最狠毒的手段，就是唠叨不休。它像眼镜蛇吐出的可怕的毒液一样，总是具有巨大的破坏性，能够轻而易举地让一个美好的家庭走向破裂。当然，偶尔的吵嘴没有这么大的破坏性，而是不可避免要发生的事情。一般的人都知道怎么去弥合吵嘴所带来的微小的创伤，而不至于使它过大。唠叨不休的人却并不这样，他总是这么做，其结果就是造成的伤害无法弥合。

林肯最大的悲剧也不是他被暗杀——当然这也很不幸——而是他的婚姻。我们不知道当他被枪击之后，他是否感到了痛苦，但是我们的确知道，在此之前的23年里，每个黑夜和白天，他都不得不遭受婚姻的折磨。在他去世后，当他的儿子小泰德被告知自己的父亲已经进入了天堂时，小泰德动情地说："我的父亲在人间的日子一点都不快乐，值得庆幸的是，他现在已经得到了解脱。"

林肯当年的同事贺恩律师曾经说："林肯的不幸，是婚姻造成的。"的确如此，林肯夫人生性刻薄，对林肯尤其如此。她在婚姻生活的大部分时间里都在寻找和指责这位伟大人物的缺点。她总是以指出林肯的长相丑陋为乐，说他的大耳朵垂直地长在脑袋上、鼻子太短而嘴唇又太突出、四肢太大头却太小。不仅如此，她还指责林肯走路时总是佝偻着身子，肩膀一上一下地十分滑稽；她一边抱怨林肯走路没有弹性，一边还模仿他走路的样子。

比佛瑞兹是研究林肯的专家，他在自己的回忆录中写道："林肯夫人的嗓音十分尖，叫起来连街对面都能听到；她斥骂的声音，能够让邻居听得一清二楚。不仅如此，她发怒时并不仅仅限于语言，还包括行动等其他方式。"换作其他任何一个人，与这样的夫人生活在一起，其婚姻生活都是不会幸福的。

我们可以随便举一个例子。在林肯夫妇结婚后不久，他们租赁了欧伦夫人的房屋。一天早上，大家正坐在一起吃早餐。因为一句无关紧要的话，林肯激怒了他的夫人。她立即跳起来，当着许多人的面，把一杯热咖啡泼到了林肯的脸上。

林肯尴尬地坐在椅子上，一声不吭地忍受着。后来，欧伦夫人拿来了毛巾给他擦脸和衣服，而林肯夫人却依旧在唠叨。

当这种婚姻像恶魔一样折磨着那位伟大的总统的时候，

他发现这样的唠叨和谩骂简直比政敌的毁谤更加让人难以忍受。当林肯作为律师经常到外地办理案件的时候，每到星期六，其他律师都回家和家人共度周末，林肯却从不回去。他像一个没有家庭的流浪汉一样，宁愿忍受乡下旅馆恶劣的条件，也不愿意回到地狱般的家里。

日本人针对婚姻生活不美满的原因进行了调查，结果发现丈夫对妻子不满的因素中，位居前三位的依次是：唠叨不休（27%）、性格不好（23%）、不懂得持家（14%）。也就是说，导致人们婚姻不美满的很大一部分原因是女士的唠叨不休。有这样一位女士，她不但性格温柔、善于持家，而且对丈夫也十分关心。但是就在不久前，她的丈夫却愤然离家出走了，其原因就是他忍受不了妻子事无巨细的唠叨。这一事例正好也说明了日本的调查的正确性。

这并不只是社会学家的发现，一些法律也把忍受唠叨当成了一个可以减轻犯罪人刑罚的条件。比如，瑞典法律就明文规定：如果受害人是一个爱唠叨的人，那么杀害受害人的被告可以被判为过失杀人罪。而乔治亚州的最高法院所判的案件表明，丈夫如果是为了躲避妻子的唠叨而把自己反锁在房子里，则是无罪的。他们认为，即便是住在阁楼的某个角落里，也比住在大厅里却要忍受女人唠叨要来得舒服。

有不少的事例都说明了唠叨不休对婚姻的破坏作用。《电信世界》中曾经有一篇文章报道了这样一件看起来很离奇的事情：一个已经50岁的维修员一连雇用了3名杀手，最后终于杀死了他的妻子，其原因竟然是他忍受不了妻子的唠叨。据这位丈夫说，他的妻子总是能够围绕一件不起眼的小事说上三天三夜，这都快要把他逼疯了——事实上，从他做出的这件事情来看，他已经疯了。

一名32岁的坦桑尼亚男子曾经用一瓶驱虫剂过早地结束了自己的生命。人们在他的尸体旁发现了一个药瓶和一封信，他在那封信里写道：我决定立即结束我的生命，因为我的妻子总是喋喋不休。

我们无意把婚姻生活不美满的原因全部归结到女人们的唠叨上——实际上，在所有这样的事情当中，另一个人同样也可能犯很严重的错误——这里想说明的只是，如果你确实意识到自己喜欢唠叨不休，并且这种唠叨正在破坏你的婚姻生活，那么，你应该毫不迟疑地结束它。

抱怨的话如何说才不会引起丈夫的反感

周末晚上，妻子做好饭菜左等右等不见丈夫归来，邻家传来热闹的嬉笑声，妻子更觉孤独，于是她给晚归或不归的丈夫写下这么一段话：

"晓军，等至夜深，依旧不见你归来，想是到同事家打麻将去了。一周繁忙的工作之后，确实应该轻松一下心境，但愿你能确实轻松。"

"晚上，我独自一人立在阳台边数天上的星星，并猜测哪一颗星星属于你所在的位置。有一颗最初很亮很亮，可我看得久了，却发现它又黯淡下去，最后我都找不着了。"

"起风了，吹得门窗砰砰作响，每一次门响，我都以为是你回来了，兴奋地打开门，外面却是黑漆漆的夜……"

"我在等待一个不回家的人，我想你一定不愿意这样。虽然你人留在了一个我不可知的地方，但家里到处都闪现出你的身影，厨房的餐桌上还留着你早起喝剩的半杯奶，已没有了早晨热腾腾时飘着黄油的香味，我只好把它倒掉了，等你回来，我再重新为你热上一杯，但愿你不会再把它剩下。"

请再看另一段妻子留给不归丈夫的话，比较一下二者的效果。

"我就知道你今晚心又痒得难受，'死猪不怕开水烫'，你是无可救药了，像这样下去，日子没法过了。"

"你在外面轻松快活，留下我孤独一人，早知道我还不如回娘家去，待在这破家干什么。"

"我郑重警告你：你再这样我告诉你爸妈。我不相信，你的毛病我治不了别人还治不了。"

两段话的效果应该是截然不同的，后者充满了怨恨、责怪，这样尖锐的话说出来非但达不到效果，反而会令对方更为反感。

谈恋爱时，要多一分理解，才能把握好爱情。一次李丽的一些朋友邀请她周末出去玩，还特别嘱咐她带上她的男朋友阿强。李丽兴致勃勃地打电话告诉阿强，但是阿强说："丽，我不能去，周末我要陪领导出差，下次吧！"李丽听后顿生不悦，对着电话筒大声说："你好牛啊，请都请不动，也太不给我面子了！"阿强听了这话，默默地放下电话，好长一段时间都没有主动找过李丽。

在恋爱中，由于主观或客观原因，不可能自己的每个要求每次都能得到满足。当对方不能满足自己的要求时，一定要保持冷静，多一些理解，少些抱怨和指责。

上一个故事中，对李丽的邀请，阿强不是不想去，而是公务在身不能去。如果李丽能考虑到这一点，把指责变成一种理解，说出"我很遗憾你不能去，我原本想我们一定会玩得很开心，不过你工作重要，下次有时间再玩"等一类的话，双方的关系非但不会受到影响，反而会使爱情更上一层楼。

很多做妻子的，往往刀子嘴，豆腐心，虽然洗衣、做饭全包，丈夫回家，可口饭菜端上桌，嘴里却唠唠叨叨没个完，不是回来晚了，就是衣冠不整，要么是左右邻里一大串，你家如何如何又如何。结果听得丈夫一忍二，二忍三，实在忍不了，扶桌而起，或默然无语，或拂袖而去，饭菜没吃多少，烦恼塞了一肚，实在厌烦无奈，蒙头就睡。然而不识相的妻子是又一通指责，不脱衣就睡、吃好饭也不洗碗，就这样没完没了。家庭成了两个人的负担，两个人的灾难，可在心里面，她真有这么多的怒气和愤慨吗？

其实，每个女子都会认为做家务是自己不可避免也难以逃避的一种责任，没有一个女子会以为自己成了家以后是什么也不需要做的。既然嫁人之前就多少对做家务有心理准备，因此那些唠叨的话语就成了她向丈夫夸耀自己能干和贤惠的特殊语言，也成为她和丈夫交流的唯一语言方式。她不知道同一内容、同一意思用不同的话说出来，效果就会大不一样。

"有没有兴趣帮我择一下菜？"

"看你疲倦的样子，一定很忙吧？"

"不对吧，你原来挺爱干净的。"

"我嫁给你，就是因为你很有能力。"

"你一定会把那事做好的，你一向都很机灵。"

"你该不会是个吝啬鬼吧？"

"你想得真周到！"

"别多想了，我知道你有难处。"

"给家买点东西带回去吧！"

"你做的菜比我做的好吃多了。"

用这样一些软话来说服对方，效果会更好。男人一般都是遇刚则刚，遇柔则柔的，他们通常经不起女人的柔言细语。所以刀子嘴最好还是早早放弃为好。

用鼓励代替指责和批评

在美国，有一位著名的女士，被别人戏称为"打岔专家"。在一次宴会上，她的丈夫十分兴奋地跟朋友们谈起了某位将军的事迹。他正说得兴起，没想到这位女士进来插话说："先生，不要再说了，如果你能有他一半的才能，我也就心满意足了。"她就是这样在大庭广众之下给她的丈夫泼冷水，批评她的丈夫的。这当然让人受不了。最后，她的丈夫不得不跟她离了婚。

另外，也有与此相反的例子。俄国女皇凯瑟琳统治着世界上最大的帝国，毫无疑问，她有着至高无上的权力。事实上，她是一个残忍的女人，曾经发动过许多次毫无意义的战争，杀害过许多仇敌。但是她的婚姻生活却很幸福，因为她在家里一直都是十分温和的，她从不疾言厉色地对她的家人进行批评和指责。即便她的家人犯了什么错误，她也会什么都不说，而是微笑着好像什么也没有发生一样。

当珍妮·维茜嫁给杰姆斯·克力尔的时候，许多人嘲笑这是一桩极不协调的婚姻，甚至有人说，这简直就是"鲜花插在牛粪上"。维茜是一个非常漂亮并且拥有大量财产的女孩，而她的丈夫却是一个不名一文的家伙，并且看不出有什么前途——所有人都知道他粗鲁、愚蠢而且没有教养。

维茜却不顾一切地爱上了克力尔，认为她的丈夫是当代少见的天才诗人。她几乎放弃了自己以前的全部生活，陪她的丈夫住到了乡下，一心一意地在生活上照顾丈夫。她成为了一个完全称职的家庭主妇，缝衣做饭、悉心照顾有胃病的丈夫、驱散他心中的抑郁。她坚信自己的丈夫能够成功，而且总是鼓励他去做自己想做的事情。

"我从不去指责和批评他什么，"维茜在她的一封信中说，"包括他的粗鲁和没教养。正好相反，我认为这都是他的个性，而我爱的是他的全部。为什么一定要把每个人都变成同样的模型呢？我总是在帮助他，这一点他一直很感激我。"

结果如何呢？克力尔最后成为爱丁堡大学的校长，他的《法国大革命》《克莱沃尔的一生》成为名著，而他们夫妻在顿查尔的住所成了有名的文化聚会的场所。

有这样的一位妻子，她总是嘲笑丈夫的每一份工作。一开始，他找了一份推销的工作，由于是新手，他的业绩不是很好。每次当丈夫到家的时候，他的妻子总是对他说："我的天才推销家，今天是不是又成交了好多笔买卖？但是，我怎么没有看到你带回家的佣金呢？看你的脸，不会是又被经理臭骂了一顿吧？"

这种愚蠢的嘲笑持续了很多年。不过，这位丈夫一直没有放弃当初的那份工作。如今，他已经是那家全国有名的公司的经理了。他和他原来的妻子离婚了，现在的妻子很年轻，经常鼓励他、给他支持。而他的前任妻子却好像很无辜，她对别人说："他怎么能这么对待我呢？他穷苦的时候是我陪伴他的，但是他现在却离开了我，找了一个更加漂亮和年轻的女人。"

有什么不可以理解的呢？

如果我们换一种方式，即对他进行鼓励，那么情况就变得好多了。

　　桃乐斯的丈夫罗伯·杜培雷一直想做一个保险行业的推销员，但当他在 1947 年开始真正从事这一行业的时候，却一次也没有成功过。一天，他决定放弃这份工作了。

　　"我完全失败了，"他对他的妻子说，"也许我本来就不适合这份工作。我一开始的选择就是错误的。"

　　也许一般的人会用批评来使罗伯改变主意，但是桃乐斯知道这是一种愚蠢的做法。她坚定地告诉罗伯，这只是暂时的失败而已。她鼓励他说："不用担心，罗伯，我相信你一定会取得成功的。"接着，桃乐斯指出了罗伯的一些连他自己都不知道的才华，说正是这些才华能够确保他取得成功。

　　后来，罗伯找到了另外一份推销的工作，可是他仍旧一次一次地失败。如果不是桃乐斯的鼓励和支持，他早就放弃了再试一次的想法了。桃乐斯不断鼓励他说：

　　"再试一次，也许你就成功了。你要知道，你有这个能力。"

"我觉得我不能辜负她的信任，"罗伯在一封信里说道，"她成功地在我身上建立了她的自信，而我正是依靠这种自信建立起自己的信心的。这就是我前进的动力。"

我们相信罗伯终有一天会取得成功的，因为对于目标而言，只要自己想要达到，最终就会达到。像这种家人面对失败而灰心丧气的例子不胜枚举，这时候只有鼓励才对他有作用，而批评和指责，只会导致非常糟糕的结果。

法国著名的科幻小说家儒勒·凡尔纳在未成名的时候，像处于这个阶段的大多数人一样，投出的稿子无一例外地被退回了。他气得打算把所有的稿件都一把火烧光，所幸稿件被他的妻子夺了过去。妻子对他说："亲爱的，你写得棒极了！我相信你一定会成功的，再试一次吧！"他又试了一次，结果果然被采纳了，并且正是这部书稿的出版使他一举成名。

如果你想改变你的丈夫或者妻子的某个缺点，你也应该用鼓励的方法。很多可爱的女士都会花时间打扮自己，让人看起来非常喜欢，但是约翰的妻子却是一个例外。她似乎没有打扮的习惯，只是有时候心血来潮了才打扮一下自己。并不是说不打扮就一定不好，但是对约翰的妻子而言却正是这样。她不打扮，只是因为她有一个很漂亮的姐姐。每当别人劝她打扮的时候，她经常回敬道："不用你管，我再怎么打扮也不如我姐姐。"

她根本就认为自己不适合打扮，所以她并非不爱打扮，而是自卑的心理在作怪。约翰深知这一点，但是他并不像其他人那样，直接指出她不爱打扮的毛病，而是当妻子不打扮的时候，他就一声不吭；当她偶尔打扮了一次，他就用真诚的赞美去打动她："你真漂亮！"慢慢地，妻子对自己的容貌产生了自信，也经常打扮起来了。

不要批评和指责你的丈夫或妻子，改用鼓励的方法，也许对方会更加乐意改变自己。

第八章　日常交际说话艺术

真诚换真心

有这样一个感人的故事：在美国西部的一个小镇，少女安妮由于受到严重碰撞，成了"植物人"，现代化的医疗手段无能为力，安妮醒来的希望极为渺小，她的父母悲痛欲绝，而安妮的朋友东妮每天都来到她的床前，抓住安妮的手，轻轻呼唤她的名字，仿佛在同一个正常的人娓娓而谈，日复一日，年复一年，奇迹终于出现了，真诚战胜了死神，东妮的呼唤居然使安妮苏醒过来了。

这是朋友之间的真诚而产生的奇妙的力量。茫茫人海，芸芸众生，我们在生活中与朋友相处怎能缺少真诚？

美国心理学家诺尔曼·安德林在 1968 年曾设计过一张表，列出 555 个描写人的形容词，让人们指出其中哪些人品最为人喜爱。结果表明，被人喜欢的选项中，位居前几位的竟有 6 个是与"真诚"有关的，而在评价最低的人品中，虚伪居于首位。这说明了真诚的人能让人产生一种安全感，从而受人欢迎；虚伪的人为人讨厌，难结良友。

真诚就是我们通常说的讲老实话、做老实人、办老实事，这是人与人之间关系亲密的根源，也是社交场赢得人缘的根本。我们往往说谁有人格魅力，其实人格魅力的基点就是真诚，真诚待人是赢得人心、产生吸引力的必要前提。对待你的朋友心眼实一点、心诚一点，你将能得到更多与人合作的机会，从而获得更多的成功概率。

现代社会是一个发展迅速、竞争激烈、优胜劣汰的社会，不少人有社交的强烈愿望，却喜欢把自己封闭起来。其实，与人交往我们也主张需要有戒心，但对你相识的、基本可以信赖的朋友，应多一点真诚。如果我们互相戒备，见面只说"三分话"，这谈不上是正常的交往，又何以能够推心置腹、以诚相待呢？因此要想得到知心的朋友，首先得敞开自己的心怀，要讲真话、实话，不遮遮掩掩、吞吞吐吐，以你的坦率换得朋友的赤诚和友爱。正如谢觉哉同志在一首诗中写道："行经万里身犹健，历尽千艰胆未寒。可有尘瑕须拂拭，敞开心扉给人看。"

翻译家傅雷先生说："我一生做事，总是第一坦白，第二坦白，第三还是坦白。绕圈子，躲躲闪闪，反易叫人疑心，你耍手段，倒不如光明正大，实话实说，只要态度诚恳、谦卑、恭敬，无论任何人都不会对你心存偏见。"由此可见，真诚是栽培友谊花朵的营养素，是美化社交环境的天然素。知无不言，言无不尽，以自己开阔、大度、实在、真诚的言行打开对方心灵的大门，并在此基础上并肩携手，合作共事。

现代心理学证明，人思想深处既有内隐闭锁的一面，又有希望获得他人的理解和信任的一面：我们总是定向地对自己的知己朋友袒露热诚，进行思想感情的交流和心灵的互动。其实，除了我们的隐私，许多的东西皆可向人倾诉，没有隐瞒的必要，朋友可在你的诚实中感受到你的可信。

真诚的本质就是一种坦荡、诚恳的发自于内心的待人接物态度，它的内涵不限于说真话，重要的是一种内在的品质。

一个人想在事业上飞黄腾达就必须有过人之处，就应该是：胸怀坦荡，光明磊落，以诚心为本，做一个正直的创业者。

坦荡磊落，本于正，本于诚。坦率诚挚的准则是公正，而正直的保证又是坦诚。在公正忠诚基础上的直言劝谏才能直而不狡、诚而不诡、劝而不害；诚信更是交友的基本原则，只有常怀一颗真诚的心，才能充分地扩展人际合作关系，才会点旺人气，为将来的事业打下基础。

唐武则天时，狄仁杰应召回京，被任命为宰相，与当朝宰相娄师德共同辅政，他并不知道自己是娄师德全力推荐的，相反他总觉得是娄师德从中作梗，甚至怀疑前一段时间自己所受的遭遇也是与娄师德有关，因此，他常在武则天面前指责娄师德的不是。对此武则天大为不解。

终于，有一次，她问狄仁杰："娄师德究竟品行如何？"

狄仁杰嘲讽道："他带兵戍边时有过功劳，其品行好不好我不便说。"

"那么他有没有发现和举荐人才的能力？"武则天问。

"我和他一起共事，没感觉出他有这一点。"狄仁杰回答说。

这时，武则天拿出一张东西给他看，看完后，狄仁杰不禁面红耳赤，原来那是娄师德举荐自己的奏折。

狄仁杰感叹道："娄师德肚量这么宽厚，待人如此真诚，我还处处疑心于他，真是惭愧之至。"

此后他主动接近娄师德，两人的关系日渐密切，同心同德，共同辅政，相处得很好，而这对狄仁杰的为人有很大的影响。

可见，人与人交往需要一颗真诚之心。立身处世刚正不阿，与人办事真心真意，言之有理，行之有节，是人际交往的基本点。假如心口不一，见风使舵，阳奉阴违，两面三刀，就不是真诚的态度，是不利于交际的。

一架飞机起飞前，一位女乘客请空姐给她一杯水，她需要吃药。空姐很有礼貌地回答："小姐，飞机刚刚起飞，还在颠簸。为了您的安全，请稍等片刻，等飞机进入平稳飞行后，我会立刻把水给您送过来，好吗？"

飞机进入了平稳飞行状态很久后，那位空姐猛然意识到：糟了，由于太忙，她忘记给那位乘客倒水了！就在此时，有人按响了服务铃。当空姐来到客舱，看见按响服务铃的果然是刚才那位女乘客，知道自己错了，她小心翼翼地把水送到那位乘客跟前，面带微笑地说："小姐，实在对不起，是我的疏忽，延误了您吃药的时间。"

但是这位女乘客似乎并不领情，她指着手表怒气冲冲地说道："医生要求我中午一定要吃药，但是现在已经3点了，你让我怎么吃这药？"

空姐手里端着水，心里有些委屈，但是她的脸上依然带着歉意的微笑，可是无论她怎么解释，这位挑剔的女乘客都不肯原谅她的疏忽。

接下来的飞行途中，为了补偿自己的过失，每次去客舱给乘客服务时，空姐都会特意走到那位女乘客面前，微笑地询问她是否需要水，或者别的什么帮助。然而，那位女乘客明显余怒未消，并不理会空姐。

临到目的地前，那位乘客要求空姐把意见本给她送过去，空姐知道她要投诉自己。此时空姐心里虽然依然委屈，但是仍然不失职业道德，显得非常有礼貌，面带微笑地说："小姐，请允许我再次向您表示真诚的歉意，无论你提出什么批评意见，我都将欣然接受您的批评！"那位女乘客没有开口，接过留言本，在本子上写了几行字。

等到飞机安全降落，所有的乘客陆续离开后，空姐打开意见本，却惊奇地发现，那位女乘客在本子上写下的并不是投诉信，而是一封热情洋溢的表扬信。

这位空姐用诚恳的态度向对方表示了歉意，面对这样的态度，即使是要求再苛刻的人，都会被打动。由此可见，诚恳的态度在人际交往中是多么的重要。

给朋友面子

谁都知道，许多人非常爱面子。人没有面子，就会觉得不体面，心里难受，朋友也不例外。给朋友面子其实就是给自己面子，你给了朋友面子，朋友往往就会很好地帮助你。

美国钢铁大王安德鲁·卡内基的助手查利斯·施瓦布是一个一年有100万美元薪水的人。像这样的待遇即使在美国也屈指可数。那么为什么卡内基能付给施瓦布年薪100万美元，即每天3000多美元的报酬呢？正如卡内基亲自为他写的墓志铭上说的那样："他是一位知道如何将那些比自己聪明的人团结在身边的人。"也就是说，施瓦布善于给别人面子，以面子换来面子，换来那些肯为他打天下的人。

有一天中午，施瓦布从一个钢厂走过，看到几个雇员正在车间里吸烟，而那块"严禁吸烟"的大招牌就在他们的头顶上。施瓦布没有指着那块牌子对他们说："你们站在这里抽烟，难道你们都是文盲吗？"而是朝那些人走过去，友好地给每个人递上一支雪茄，并说："孩子们，如果你们能到外面去抽这些雪茄，我将十分感谢。"

那些吸烟的人立刻意识到自己错了，对施瓦布就自然产生了好感，因为他没有简单粗暴地斥责他们。在纠正错误的同时，并没有伤害他们的自尊，这样的领导，谁还愿意和他作对，而不去努力工作呢？因为他们的领导在指出错误的同时，使得他们保住了面子，他们也应该给领导面子，把自己的工作做得更好。

上面说的虽是上下级间的面子问题，但朋友间又何尝不是如此呢？与其伤朋友的面子，不如给他一个面子，让他欠你的情，那么他日后回报的面子一定大于你给他的。

诸葛亮之所以一生追随刘备，鞠躬尽瘁，死而后已，就是因为刘备给了他太大的面子。刘备第一次屈身去请，诸葛亮适逢外出。第二次去请，诸葛亮又恰巧不在。一直到第三次，诸葛亮才与他交谈。如此大的面子，诸葛亮怎能不尽心相报。这位历史上最出名的谋士，被请出山时还是满头青丝，等去世的时候，已是白发苍苍的老者了。诸葛亮不仅全心回报了刘备，也回报了其儿子刘禅的面子，最后，终以生命相报，不得不让人感慨面子的重要。

陈文进公司不到两年就坐上了部门经理的位置，但是有个别下属不服他，有的甚至公开和他作对，钱诚就是其中的一位，而且钱诚是他从小玩到大的朋友。自从陈文做了部门经理之后，钱诚经常迟到，一周5天，他甚至有4天都迟到。

按公司规定，迟到半小时就按旷工一天算，是要扣工资的。问题是，钱诚每次迟到都在半小时之内，所以无法按公司的规定进行处罚。陈文知道自己必须采取办法制止钱诚这种行为，但又不能让矛盾加深。

陈文把钱诚叫到办公室："你最近总是来的比较迟，是不是有什么困难？"

"没有啊，堵车又不是我能控制的事情，再说我并没有违反公司的规定呀。"

"我没别的意思，你不要多心。"陈文明显感觉到了对方的敌意。

"如果经理没什么事，我就出去做事了。"

"等等，钱诚你家住在体育馆附近吧。"

"是啊。"钱诚疑惑地看着对方。

"那正好，我家也在那个方向，以后你早上在体育馆东门等我，我开车上班可以顺便带你一起来公司。"

没想到陈文说的是这事，钱诚反而有些不好意思，喃喃地说："不，不用了……你是经理，这样做不太合适。"

"没关系，我们是同事啊，帮这个忙是应该的。"

陈文的话让钱诚脸上突然觉得发烧，人家陈文虽然当了经理，还能平等地看待自己，而自己这种消极的行为，实在是不应该。事后，钱诚虽然还是谢绝了陈文的好意，但他此后再也不迟到了。

知道你的朋友做错了，直接提建议很可能会伤及他的面子，同时破坏你们的友谊，不如学学陈文的做法迂回指出缺点错误。

有时候，给朋友留面子，尊重朋友，是一种征服。

某校在评定职称时，由于高级职称的名额有限，一位年龄较大的教师未能评上。因为评选工作是保密的，这位老教师便向一位负责职称评定的副校长打听情况。副校长考虑到工作迟早要做，便和这位老教师像朋友一样地坐下来促膝交谈：

校长：哟，老 ×，什么风把你给吹来了。

老师：校长，我想知道这次评高讲我有希望吗？

校长：老 ×，先喝杯茶。我们慢慢聊，最近身体怎么样？

老师：身体还说得过去。

校长：老年教师可是我们学校的宝贵财富，年轻教师还要靠你们传帮带呢！

老师：作为一名老教师，我会尽力的。可这次评定职称，不知道能否……

校长：不管这次评上评不上，我们都要依靠像你这样的老年教师。你经验丰富，教学也比较得法，学生反映也挺好。我想，对于一名教师来说，这一点，比什么都重要，你说呢？

老师：是啊！

校长：这次评职称是第一次进行，历史遗留的问题较多，可谓是僧多粥少，有些教师这次暂时还很难如愿，要等到下一次。这只是个时间问题。相信大家一定能够谅解。但不管怎样，我们会尊重并公正地评价每一位教师，尤其是你们这些辛辛苦苦工作几十年的老教师。

老教师在告辞时，心里感觉热乎乎的，他知道自己这次评上高讲的希望不大，但由于自身得到了别人的尊重，成绩受到了别人的肯定，他能接受那样的结果。用他对校长的话讲："只要能得到一个公正的评价，即使评不上我也不会有情绪的，请放心。"

本杰明·富兰克林，是一位杰出的科学家、政治家、外交家，具有高度的为人处世的技巧。他曾在年轻时当选为费城市议会的文书，他本人很喜欢这个工作，但是议会中有一个既有钱又很有才能的议员，很讨厌富兰克林，甚至公开责骂他。富兰克林决心使这位议员先生喜欢他，他讲述了自己所用的一种方法：

"我听说他的图书室里藏有一本非常奇特的书，我就写了一封便函，表示我极欲一读为快，请求他把那本书借给我几天，好让我仔细地阅读一遍。他马上叫人把那本书送来了。过了大约一个星期的时间，我把那本书还给他，还附上一封信，强烈地表示我的谢意。

"于是，下次当我们在议会里相遇的时候，他居然跟我打招呼了（他以前从来没有这样做过），并且极为有礼。自那以后，他随时乐意帮助我，于是我们变成了很好的朋友，一直到他去世为止。"

朋友相交，一定要会用面子。你给朋友面子，朋友自然也会回报你，如果你有什么事需要朋友帮个忙，朋友念在你曾给的面子，一定能鼎力相助。

微笑交流

微笑是一门艺术，一门学问。微笑牵涉我们的文明素养，微笑也牵涉我们的民族性格和传统文化。微笑展示仁慈宽厚的胸怀，微笑显现愉悦欢快的心态；微笑是尽释前嫌、化解恩仇的阳光雨露，微笑是社交场合的通行证。

有位学者曾这样说过：当你离开家门时，注意，先收紧下颚，然后抬头挺胸，用力做个深呼吸。出门走在路上，不要吝啬你的笑容，如果遇到熟人，更别忘了保持微笑。与别人握手的时候，要诚心诚意，不要让对方造成误解，也不要在意对方是你的竞争对手。

因为微笑具有神奇的魔力，是最好的魔法师。

当你走进商店，店里的服务员对你微笑，你会感到愉快，觉得自己受到了尊重；走进单位时，对遇到的每一个人微笑，大家都会感到心情舒畅，会从彼此的微笑中得到这样的信息——"他是一个和蔼的人"，"她是一个值得信赖的人"。

《如何消除内心的恐惧》一书的作者波拿巴·傲巴斯多丽在书里写道："你向对方微笑，对方也会报以微笑，他用微笑告诉你，你让他体会到了幸福感。由于你对他微笑，使他觉得自己是一个受别人欢迎的人，所以他会向你报以微笑，使他感到自己的价值和地位。"

人际交往中，情绪是一个影响交流效果的重要因素。积极的情绪可以缓解紧张，而消极的情绪只能制造紧张。任何人都不希望在人际交往中制造出紧张的气氛，都希望用最好的气氛协调关系，而微笑就是最好的表达方法。

微笑虽然无声，但却可以表达出高兴、赞同、尊敬、同情、感谢等讯息。所以微笑是阳光，可以驱散阴霾；微笑是春风，可以驱散寒冷。

不过有一点你必须做到，那就是你的微笑一定要发自内心。

我们说过称赞别人必须出自真诚。同样地，微笑也必须发自内心。不完全或是令人感觉特意修饰的微笑，是无用且虚伪的。如果你想微笑就大大方方地笑吧！甚至张开大嘴露出白齿的大笑都能讨人欢心。

有些人会认为自己原本就很内向，从来不会这样开怀地笑过，所以现在要面露微笑恐怕也很困难。可是各位，不必担心，要养成微笑的习惯，只需慢慢练习，时常表现自己的情感就可以了。你练习的机会愈多，愈会感到心里充满自由和轻松。而每天都感觉自由、轻松的人，就算他以前是整日愁眉不展的人，现在也会面露微笑。我们认识许多有此经验的人，在这里我们就为你举例：

任某某任职于某保险公司，负责对外招揽客户，他已经连续好几年业绩居全公司之冠，他曾经这样说过：

"你不妨面对镜子照照自己的脸，当你失意的时候，镜中就会出现一副落寞无神的面孔；当你得意的时候，镜中就会出现一副神采飞扬的面孔，可见面相和手相一样是会改变的。如果有人不在意自己面相的变化，而想赚顾客的钱，那么这个人必然是商场的败将。当我们和别人交往时，应该真心流露出亲切、欢喜、笑容可掬的脸孔。为此我们必须经常面对镜子，研究自己的面相。"

所以，你不妨每天早上在洗手间里反复练习，想想从前快乐的往事，或者想想令你愉快的事，你自然会在镜中看到自己快乐的笑脸。

微笑可以带来奇迹。

因此，当你要称赞别人时，请面带笑容。因为，这样会使你的称赞产生更多的效果。

当你委托别人做事时，也请你微笑。因为，别人会因此而认为非照你所委托的去做不可。

当你接受别人的委托，也请你微笑。因为，对方会因此而对你更加感激。

即使是你在说"无聊的话"时，也请你面带微笑。因为这样会让你的"无聊"降低到最低程度。

所有这些你都做到了，朋友自然会找上门来，没有人会拒绝一个能给自己带来好心情的朋友。

总之，人应该保持平稳的精神状态，也就是要有开朗且坦诚的心境。因为只有微笑才能保持正常的精神状态，而只有精神状态正常的人才具有无穷的魅力和创造能力，才能实现夙愿。

所以，从现在开始，收紧你的下颚，抬头挺胸，以微笑面对整个世界，你得到的将会是同样的友好的回应。

舍得道歉

人非圣贤，孰能无过？但是有的人却认为承认错误是暴露了自己的缺点和错误，尤其在别人面前，是一件有失身份的事情，所以即使犯了错也不肯承认，遮遮掩掩，甚至当别人当面指出或提出的时候都不肯承认，更不要说道歉了。

然而，你要清楚：与其等别人提出批评、指责，还不如主动认错、道歉，这样更易于获得谅解、宽恕。凡事坚信自己一贯正确，发生争端总是武断地指责对方大错特错，从不认错、道歉的人，根本交不到朋友，或易交难处，永远缺乏知心朋友。

如果我们由于自身的孤傲和不安全感宁可让友情出现裂痕也不愿意说"我错了"这句话，那实在是愚蠢之至。诺曼·皮勒说过："真正的道歉绝不只是简单地认错，而是对你说过或做过的有损友好关系的言行表示真诚的歉意，并真心实意地希望友谊得以修复。"

1755 年，在竞选弗吉尼亚州议员的辩论中，23 岁的上校乔治·华盛顿说了一些侮辱脾气暴躁的小个子对手潘恩的话，对方当即用桃木拐杖把他打倒在地。站在一旁的士兵立刻冲上去，想为年轻的上校报仇，华盛顿本人却从地上爬起来阻止了他们，说他会处理好此事。

第二天，他写信给潘恩，邀请他在一家酒馆同自己会面。潘恩到达后，本以为华盛顿会要求他先表示歉意，然后与他进行决斗，谁料，华盛顿却先对他表示了歉意，并主动伸出了和解之手。

　　道歉并非示弱。一个人要承认自己的错误是需要勇气的。人际关系是生活中最难处理的事情，人都免不了有出错的时候。一旦错了，就得道歉，只有如此才能避免更大的损失。

　　有些人明知道是自己的不对，可是碍于所谓的身份或者面子一类的问题，不肯主动认错，觉得认错是没面子的事情，所以冲突也就无法解决。其实一个人能主动承认错误，就是一种勇气，这不仅有助于解决相关的矛盾，也能取得一定的满足感。

　　说"对不起"的时候，眼睛一定要直视对方，只有这样才能传递出你的心意。

　　如果一边做事一边道歉，或者用回避的方式，都表现不出你的诚意，无法让对方感觉到你是真的认错。没有辩解的道歉才能让对方感觉你的心意，达到道歉的目的。

　　小雯借朋友的衣服穿，却因为疏忽不小心把衣服刮破了，小雯觉得很抱歉，就在还衣服的时候，很诚恳地对朋友说："对不起，我不小心弄破了你的衣服，这是一个裁缝的电话，我已经联络过他了，他说可以补得像没坏的一样。"

　　这种正面的直接道歉是最好，也是最佳的方式。假如小雯在还衣服的时候只是说："衣服破了，我赔钱给你吧。"

对方肯定会婉言谢绝，但心里绝对会不舒服，觉得小雯的"道歉"只是形式上的，不够真诚，他们之间自然也就有了芥蒂。

小伟在朋友的生日宴会上喝多了，将女主人最喜欢的一个花瓶失手打碎了，以小伟的经济实力赔不起这个花瓶。

为了表示自己的歉意，小伟挑选了一张精致的贺卡，写上自己的歉意：我知道我的行为给你们造成了困扰，也知道自己的行为是无法原谅的，请相信我绝对不是故意的，如果当时我没有喝醉，也就不会发生那种事情了，所以请接受我最真挚的歉意。

小伟将卡片亲手交到朋友手里，并带了一瓶朋友最喜欢的酒，不是为了表示赔偿那个花瓶，而是为了表示真诚的歉意。

小伟的这种道歉方式很艺术，你也可以不直接说出"对不起"，而是像小伟这样用一张卡片或一份小礼物等，都可以表示歉意。最重要的是不要回避，一开始就要先承认自己的错误。而且道歉一定要有诚意。

真心实意地认错、道歉就不必强调客观原因、做过多的辩解。就是确有非解释不可的客观原因，也必须在诚恳地道歉之后再略微解释，而不宜一开口就辩解不休。否则，你对自己的错误实际上是抱着抽象否定、具体肯定的态度，这种道歉，不但不利于弥合双方思想感情上的裂痕，反而会扩大裂痕、加深隔阂。道歉需要诚意。双方成见很深，当对方正处在气头上，好话歹话都听不进时，最好先通过第三者转致歉意，待对方火气平息之后，再当面赔礼、道歉。有时当务之急不是先分清谁是谁非，而是要求双方求同存异去对付共同面临的困难或"敌手"。如双方僵持不下，势必两败俱伤。如一方先主动表示歉意，就有可能打破僵局，化紧张为和谐，乃至化"敌"为友。

要记住，真正的道歉不只是认错，同时也意味着承认自己的行为给对方造成的困扰，而你对彼此之间的关系很重视，希望道歉可以化解冲突，重归于好。诚恳的歉意不仅能弥补彼此之间的关系，还可以增进彼此的感情。所以，如果你犯了错，就大方地表示歉意，诚恳地说一句"对不起"。

一定要改变观点，不要认为道歉是没有面子的事情，当你做错的时候，请拿出你的勇气和诚意，向对方道歉，要知道道歉是缓解冲突的"润滑剂"。